Rosina-Fawzia Al-Rawi

# GELBER HIMMEL ROTE ERDE

*Frauenleben in Palästina*

Mit einer Würdigung von Yassir Arafat

PROMEDIA

Druck gefördert vom Kulturamt der Stadt Wien

Die Deutsche Bibliothek – CIP-Einheitsaufnahme:
**Rawi, Rosina-Fawzia B. al-:**
Gelber Himmel – rote Erde : Frauenleben in Palästina /
Rosina-Fawzia Al-Rawi. Mit einer Würdigung von Yassir
Arafat. – Wien: Promedia 1994.
ISBN 3-900478-77-5


Umschlaggestaltung: Gisela Scheubmayr, unter Zuhilfe-
nahme eines Photos von Georg Stein
Lektorat: Erhard Waldner
Druck: WB-Druck, Rieden
Printed in Germany
ISBN 3-900478-77-5

# Inhalt

## Zehn Frauenportraits

Für meine Mutter und meine Tochter

منظمة التحرير الفلسطينية
مكتب الاعلام

الرقم ..............................................

التاريخ ..............................................

بسم الله الرحمن الرحيم

بكل اعتزاز وفخر لما لمسته من تجسيد حقيقي لنضال
المرأة الفلسطينية في مخيمات الصمود وفي كل قرية ومدينة
في أرضنا المقدسة فلسطين، الذي يصوّر تصويراً حقيقياً
مشاركة الأم الفلسطينية .. والأخت الفلسطينية .. والابنة
الفلسطينية في دورها بجانب شقيقها الرجل بما قد سُطّر
وصُوّر على يد الدكتورة الفاضلة روزينا فوزيه باسل الراوي
نال اعجابنا، ولا يسعنا الا ان نتقدم بالشكر لها سائلين
الله عز وجل ان يوفقها والاحرار من امتنا وكل الخيّرين في هذا
العالم المناصرين لقضية الحق والسلام والمحبة.

رئيس دولة فلسطين
رئيس اللجنة التنفيذية لـ م.ت.ف
رئيس السلطة الوطنية الفلسطينية
ياسر عرفات

عمان / ت: ٦٧٥٨٤٨ - ٦٧٣٣٤٢ - ٦٧٣٤٦٢ - ص.ب ٩٥٠٦١٢ تلكس ٢٢٣٦٩ يافا

Faksimile der von Yassir Arafat eigenhändig geschriebenen Würdigung

Die Palästinensische Befreiungs-Organisation (PLO)
Medien-Büro

Bismillah ar-Rahman ar-Rahim

Mit großer Ehrfurcht und großem Stolz sehe ich die wahre Verkörperung des Aufstandes in der palästinensischen Frau – in den Lagern, in jedem Dorf und in jeder Stadt unseres heiligen Landes Palästina. Es kämpft die palästinensische Mutter, die palästinensische Schwester, die palästinensische Tochter Seite an Seite mit ihrem Gefährten.

Gezeigt und aufgezeichnet wird dies mit großer Kompetenz von Dr. Rosina-Fawzia Al-Rawi. Sie hat damit unsere volle Bewunderung und unseren großen Dank verdient. Wir hoffen, daß Allah alle Befreier unserer arabischen Nation zum Erfolg führt und all denjenigen beisteht, die für die Wahrheit, den Frieden und die Liebe in dieser Welt eintreten.

Der Präsident Palästinas
Der Vorsitzende der Palästinensischen Befreiungs-Organisation (PLO)
Der Präsident der Palästinensischen Autonomie-Behörde

Yassir Arafat

**Aus der Grundsatzerklärung des israelischen Staates:**
*„Der Staat Israel wird der jüdischen Einwanderung und der Sammlung der Verstreuten offenstehen; er wird sich der Erschließung des Landes zum Wohle aller seiner Bewohner widmen; er wird auf Freiheit, Gerechtigkeit und Frieden im Geiste der Visionen der Propheten Israels gegründet sein; er wird allen Bürgern ohne Unterschied von Religion, Rasse und Geschlecht soziale und politische Gleichberechtigung verbürgen; er wird Glaubens- und Gewissensfreiheit und Freiheit der Sprache, Erziehung und Kultur gewährleisten, die heiligen Stätten aller Religionen unter seinen Schutz nehmen und den Grundsätzen der Charta der Vereinten Nationen treu bleiben."*

# Der Olivenbaum im Wind

## Die palästinensische Frau

In der palästinensischen Gesellschaft findet sich eine Vielfalt von Frauenbildern. Fast alle sozialen Schichten, die in der arabischen Welt vorkommen, treffen wir auch in Palästina: die Beduinin, die Bäuerin, die Handarbeiterin, die Arbeiterin und Angestellte, die traditionelle Mittelklasse-Hausfrau, die moderne gebildete Frau und die wohlhabende bürgerliche Frau.

Der Zustand der Besetzung, eine kriegsähnliche Situation, sowie der Widerstand dagegen und die Intifada beeinflussen die gesellschaftliche Position der Frau innerhalb einer männerbetonten, traditionellen Gesellschaftsstruktur beziehungsweise verändern sie tiefgreifend.

Die Entstehung des Staates Israel hat eine weitere, nämlich eine geographisch-politische Zersplitterung bedingt, welche nicht zu unterschätzende soziale Auswirkungen nach sich zieht. Es gibt palästinensische Frauen, die innerhalb Israels leben, also einen israelischen Paß besitzen und somit Bürgerinnen dieses Staates sind.

Dann gibt es jene, die in den besetzten Gebieten, nämlich in der West Bank und im Gaza-Streifen, leben und eine orange Identitätskarte haben. Sie dürfen sich nur innerhalb der besetzten Gebiete frei bewegen und brauchen meist Genehmigungen, um nach Israel fahren zu können. Diejenigen, die in Ost-Jerusalem leben, verfügen über eine blaue Identitätskarte, die der israelischer Bürger gleicht, aber den Vermerk trägt: Nationalität „Araber". In Ost-Jerusalem lebende BürgerInnen haben wiederum einen anderen politischen Status. Sie dürfen jederzeit nach Israel fahren, da ja sowohl Ost- wie auch West-Jerusalem als ungeteilte israelische Hauptstadt gilt. Doch sie bekommen nicht automatisch einen israelischen Paß, sondern müssen diesen erst beantragen, was meist auch mit speziellen Bedingungen verbunden ist. Zuunterst in der sozialen Skala stehen jene Frauen, die in den Flüchtlingslagern der besetzten Gebiete leben. Sie haben, wie alle EinwohnerInnen der besetzten Gebiete, eine orange Identitätskarte und unterliegen den selben Bedingungen, außer daß sie zusätzlich beim Verlassen des Lagers von den israelischen Militärs kontrolliert werden können.

Vom menschlichen Standpunkt her sind wir mit Frauen konfrontiert, die seit Jahrzehnten leiden und deren Schicksal uns nicht unberührt lassen kann. Vom politischen Standpunkt aus nehmen diese Frauen und ihre Männer eine entscheidende Rolle beim Erlangen des Friedens im kriegs- und krisengeschüttelten Nahen Osten ein.

Die Palästinenserin ist in dieser Gesellschaft nicht nur Repräsentantin der Gegenwart, sondern auch Bewahrerin der Kultur und Tradition. Sie erzieht die Kinder und formt damit im höchsten Maße die Zukunft des ganzen palästinensischen Volkes. Gleichzeitig gibt sie uns durch ihr Streben nach Gleichberechtigung und durch ihre Auflehnung gegen die Okkupation und die patriarchale palästinensische Gesellschaftsstruktur einen Einblick in die Zukunft, die fundamentale Veränderungen sowohl im privaten wie im öffentlichen Leben erwarten läßt.

Zwei Hauptfaktoren verbinden alle palästinensischen Frauen miteinander und machen sie zu Schwestern, nämlich einerseits das Leben in einer traditionellen patriarchalen Gesellschaft und andererseits, daß jede von ihnen in irgendeiner Weise durch die Gründung des israelischen Staates auf palästinensischem Boden, durch die Vertreibung des Großteils der palästinensischen Bevölkerung und die daraus resultierende Staatenlosigkeit betroffen ist.

Diese beiden Grundgegebenheiten verwandeln das Leben der palästinensischen Frauen und setzen sie Kräften aus, die ihre ambivalente Situation besonders hervorheben.

Doch bevor wir hier weiter auf dieses Phänomen eingehen, ist es gut, einmal die palästinensische Gesellschaft, ihre Struktur im Wandel der politischen Gegebenheiten, ihre psychologisch-philosophischen Einstellungen und die Bewältigungsmechanismen des täglichen Lebens zu betrachten.

## Der innere und der äußere Kreis

### Die palästinensische Gesellschaft

Obwohl die palästinensische Gesellschaft sehr vielen Veränderungen ausgesetzt war und viele Entwicklungen durchgemacht hat, bestehen, allgemein gesprochen, die traditionellen Muster weiter und formen die Gesellschaftsstruktur. Um sich also ein Bild der palästinensischen Gesellschaft, der Familie und des Individuums zu machen, ist es wichtig, diese traditionellen Strukturen und Formen ins Auge zu fassen, um von ihnen ausgehend die neueren Entwicklungen besser zu verstehen und einzuschätzen. Zusätzlich muß bemerkt werden, daß sich die erwähnten Veränderungen nicht in allen Gesellschaftsschichten gleich stark durchgesetzt haben und sehr wohl ein beachtlicher Prozentsatz weiterhin nach den traditionellen Mustern lebt.

Das palästinensische Gesellschaftssystem basiert – wie in den meisten arabischen Ländern – auf Blutsverwandtschaft. Es ist patrilinear und patri-lokal, was bedeutet, daß nur die väterliche Linie verfolgt und aufgezeichnet wird, nicht ohne jedoch auch auf die Familie der Mutter großen Wert zu legen. Nach der Eheschließung verläßt die Braut ihr Zuhause und folgt ihrem Mann zu seiner Familie, wo sie in den Haushalt integriert wird. Die Basis dieser Gesellschaftsform bildet die patriarchale Großfamilie, deren Mitglieder entweder alle unter einem Dach oder zumindest im selben Ortsviertel leben.

Das Familienleben kann in zwei Kreise aufgeteilt werden: den inneren Kreis, den Frauen und Kinder bilden, und den äußeren, der von den Männern der Familie geformt wird. Im inneren Kreis ist meist die älteste Frau, die meist zugleich auch Ehefrau des Familienoberhauptes ist, die „Königin“. Sie übernimmt die Organisation und Arbeitseinteilung für die anderen Frauen der Familie. Auch wenn die einzelnen Kleinfamilien nicht unter einem Dach wohnen, so werden doch Aufgaben wie Kochen und Backen gemeinsam ausgeführt.

Oft ist es auch so, daß die Schwiegertöchter abwechselnd einmal in der Woche das Haus der Schwiegermutter putzen und aufräumen, da alle größeren Festlichkeiten und Zusammenkünfte dort stattfinden. Die älteste Frau genießt nicht nur wegen ihres Alters und ihrer Lebenserfahrung großen Respekt, sondern ist meist auch auf spiritueller Ebene bewandert und wird daher von vielen um Rat oder Fürbitte angesprochen. Allgemein herrscht in der palästinensischen Gesellschaft im speziellen und in der arabischen im allgemeinen der Glaube, daß Sensibilität und Spiritualität einer Frau mit dem Ausbleiben der Menstruation wachsen.

In diesem Lebensabschnitt vertiefen sich die meisten Frauen in spirituelle Praktiken. So manches Tabu, das für jüngere Frauen besteht, wird auf sie nicht mehr angewendet. Diese Frauen bewegen sich frei innerhalb der Gesellschaft, reisen im Land umher, rauchen öffentlich und sprechen auch fremde Männer an, ohne daß jemand daran Anstoß nimmt – eine Frau in dieser Lebensphase ist aus dem Kreis des Gebärens und Lebenschenkens ausgetreten, die Schemata von Ehre und Schande sind auf sie nicht mehr anwendbar. Jetzt ist die Frau befreit und kann sich mehr dem Seelischen widmen, da sie den materiellen Lebenszyklus verlassen hat.

Doch zurück zum inneren Kreis der Großfamilie, dem der Frauen. Hier, wo die gemeinsamen Tätigkeiten von den aktuellsten

Neuigkeiten begleitet, wo Alltagsprobleme besprochen und immer wieder Tee- und Kaffeepausen eingelegt werden, wachsen die Kinder auf, fast nebenher und ganz in den Rhythmus der Hausarbeiten eingebettet. Möglichst frühzeitig werden sie mit kleinen Tätigkeiten in den allgemeinen Arbeitsprozeß eingegliedert. Man nimmt sich nicht besonders Zeit für die Kinder, sondern integriert sie, indem man sie am Geschehen beteiligt. Oft achten die älteren Kinder auf die jüngeren und kümmern sich um sie. So sind in diesem inneren Kreis der Familie meist drei, manchmal auch vier Generationen vereint.

Der äußere Kreis wird von den Männern geformt. Er bildet traditionellerweise einen Schutzgürtel um den inneren Kreis. Damit werden, im Positiven wie im Negativen, die äußeren Geschehnisse ferngehalten. Im Grunde bräuchte eine traditionelle arabische Frau, bis auf wenige gesellschaftliche Verpflichtungen und dringende Wege wie Arztbesuch und Besuch der heiligen Stätten, nie außer Haus zu gehen.

Frühmorgens, bevor die Männer das Haus verlassen, werden sie beauftragt, was sie alles mitbringen sollen – Nahrungsmittel und sonstige wichtige Dinge, seien es Luftballons für die Kleinen oder passender Faden zum hellblauen Stoff; und wehe, er paßt nicht! Jeden Nachmittag sind die Straßen von Männern bevölkert, die Einkaufstaschen mit sich tragen. Zielstrebig eilen sie mit ihrer „Beute" nach Hause, wo alles entgegengenommen und begutachtet wird. Lob und Tadel fallen meist lautstark aus, und am nächsten Tag wissen die Nachbarn, ob der Mann das richtige nach Hause gebracht hat oder nicht. Hat er es nicht, so verläßt er am Morgen sein Zuhause mit einer Einkaufstasche; war es das richtige, geht er freier Hand fort. In einer traditionellen Familie erledigen die Männer alles, was mit der Öffentlichkeit zu tun hat. Sie sammeln damit viel mehr Erfahrung als die Frauen und sind mit den Geschehnissen in der Gesellschaft mehr und direkt konfrontiert. Da sie auch die Familie erhalten und die restlichen Mitglieder von ihnen abhängig sind, ist ihre Position innerhalb der Gesellschaft stärker als die der Frau.

Durch diese beiden Kreise und die damit klar getrennten Lebensbereiche von Mann und Frau kann man durchaus von einer Männer- beziehungsweise Frauenwelt sprechen. Die Männer sitzen gemeinsam in den Kaffeehäusern, rauchen Wasserpfeife, trinken Kaffee oder Tee, spielen Karten und unterhalten sich über die Tagesthemen. Männer gehen Hand in Hand auf der Straße, küssen und umarmen einander. Männerfreundschaften sind sehr ausgeprägt und spielen eine wichtige Rolle im Leben eines Mannes.

Frauen wiederum haben eine innige Beziehung zu anderen Frauen. Persönliche Probleme teilen und besprechen sie untereinander, weniger mit dem Mann.

Den Großteil des Tages verbringt man also mit dem eigenen Geschlecht, erst am späteren Nachmittag kommt es zu einer Begegnung im Haus.

Seit die Frau am öffentlichen Leben teilnimmt und zur Kollegin und Arbeitspartnerin geworden ist, überlappen sich diese beiden Kreise jedoch zum Teil. Die Frau trägt zum Lebensunterhalt bei und verlangt zunehmend auch in anderen Bereichen Partnerschaft. Der Aufbruch zu einer fairen und echten Partnerschaft eröffnet einen Weg mit vielen Hindernissen, besonders weil in der palästinensischen Gesellschaft nicht alle von den neueren Entwicklungen berührt worden sind, bedingt durch die Vielschichtigkeit der sozialen Strukturen und die verschiedenen Zeitraster, denen sie ausgesetzt sind.

# Der Rose Stacheln

## Schicksalsdenken und Persönlichkeitsentwicklung

Die Familie steht über dem Individuum. Der einzelne ist in sie eingebettet und kann von ihr Unterstützung und Halt erwarten. Nicht Individualität und Eigeninitiative werden verlangt und gefördert, sondern harmonisches Einbetten und Mitwirken im bestehenden und vorgegebenen (Familien-)Leben. Selbstverwirklichung und Selbstfindung sind Begriffe und Einstellungen, die kaum verstanden werden, denn es ist für jeden selbstverständlich, sich in erster

Linie für das Allgemeinwohl, für die (Groß-)Familie einzusetzen und, wenn nötig, eigene Wünsche und Vorstellungen zurückzustellen.

Ein weiteres Charakteristikum dieser Gesellschaft ist die fatalistische Einstellung dem Leben gegenüber. Sätze wie „So Gott will! Gott wird uns geben, was wir brauchen!" dominieren den Diskurs. Ein tiefes, selbstverständliches Vertrauen in eine höhere Macht gibt den Menschen dieser Kultur spirituellen Halt. Es ist so tief in das Selbstverständnis eingebettet, daß es zum Teil gar nicht bewußt wahrgenommen wird.

Diese Lebenseinstellung führt auch zu einem anderen Zeitgefühl, einer anderen Einstellung zur Zeit als im Westen. Der Mensch hat Zeit, denn seine Spanne streckt sich über die Begriffe von Geburt und Tod hinaus. Äußere Taten und offensichtliche Dynamik zählen weniger als Harmonie mit dem göttlichen Gefüge. Diese Einstellung spiegelt sich auch im Arabischen wider, das nur drei Zeitformen kennt, nämlich Vergangenheit, Gegenwart und Zukunft. Im Vergleich mit dem Deutschen oder Englischen wird erkennbar, daß für diese Sprachen die Zeiteinteilung eine viel dominantere und wichtigere Rolle spielt.

Das dynamische „Verlassen auf sich selbst" sowie auf persönliche Errungenschaften und Taten hat wiederum im Arabischen wenig Platz. Viele Dinge werden so akzeptiert, wie sie sind – ohne jegliches Hinterfragen oder auch nur das Bedürfnis danach. Das Leben in einer solchen Gesellschaft ist voraussehbar, nimmt in seiner Natur einen ruhigen und stetigen Lauf und ist dadurch stabil.

Für den einzelnen bedeutet dies das Gefühl der Sicherheit und Stärkung, ein Netz, auf das er sich fast vollständig verlassen kann. Das Gefühl, in dieser Welt allein auf sich gestellt zu sein, fällt weg. Das schützt zwar vor seelischem Aufruhr, bedingt aber auch den Druck, den Vorstellungen der Familie und, im weiteren Sinne, der Gesellschaft zu entsprechen.

# Die Wunden der Zeit

## Tradition und Religion

Die Tradition ist in der palästinensischen Gesellschaft stark mit der Religion verwoben; der Unterschied ist – wie in vielen islamischen Gesellschaften – nur schwer auszumachen. Viele Gesetze, die als islamisch gelten, sind eigentlich ungeschriebene Gewohnheiten, die sich zu Gewohnheitsgesetzen – „urf" – entwickelt haben und den Gegensatz zum geschriebenen Gesetz, der „sharia", bilden.

Durch kontinuierliche Ausübung und allgemeine Anerkennung einer Gewohnheit wird diese zum Gesetz. Dies bedeutet, daß die islamischen Gesetze je nach Gesellschaft differieren. In einer patriarchalen Gesellschaft ist anzunehmen, daß die Gewohnheitsrechte zugunsten der männlichen Mitglieder ausfallen. Denn es sind die Männer, die zusammenkommen, wenn es um die Lösung von Streitigkeiten, Beschuldigungen oder Zwistigkeiten geht.

In der palästinensischen Gesellschaft, in der eine gesetzgebende Körperschaft fast ganz fehlt und de facto Besatzungsrecht herrscht, werden fast alle Auseinandersetzungen durch Gewohnheitsgesetze und „atwas"[1)] gelöst. Die Gewohnheitsgesetze behandeln Streitigkeiten außerhalb der offiziellen Zivil- und Religionsgerichte auf der Basis traditioneller mündlicher Bräuche und Normen, die Aussöhnung, Vermittlung, Familie und Ehre betonen. Bei einer „atwa" werden die beiden betroffenen Parteien – meist nicht nur einzelne Kläger, sondern oft ganze Familien oder ein Klan, „hamula" (da Vergehen gegen eine Person auch als Vergehen gegen deren Familie oder Klan angesehen werden) – durch Vermittler vertreten.

Meist dauert eine solche Versammlung zwei bis drei Tage und besteht aus mehreren Sitzungen. Die Vermittler selbst sind angesehene ältere Männer und gehören meist großen Klans an, sind sogar manchmal deren Oberhäupter, da nur durch die mächtige Position der Vermittler garantiert wird, daß der Spruch und die erreichte Lösung von beiden Parteien auch wirklich befolgt und eingehalten werden. Frauen werden in solchen Versammlungen immer durch Männer vertreten.

Es gibt eine ganze Reihe von Vergehen, die den Status der Frau betreffen. Die Frau gilt als Trägerin der Familienehre. Ruf und Reinheit (damit ist fast immer die sexuelle gemeint) der Frau müssen unbedingt erhalten bleiben, weil sonst der Ruf der ganzen Familie gefährdet ist. Wird etwa die Frau als aktiver Auslöser einer sexuellen Vereinigung oder einer Vergewaltigung beschuldigt, wäre es für die Männer ihrer Familie durch die Sitte legitimiert, sie zu bestrafen, vielleicht sogar zu töten. Obwohl dies eindeutig unter das Gewohnheitsrecht „urf" fällt, wird es mit dem islamischen Gesetz identifiziert und gleichgesetzt. Das zeigt, wie eng diese beiden Gesetze im Bewußtsein der Bevölkerung miteinander verbunden sind.

Ein weiteres Beispiel betrifft das Brautgeld – „mahr". Sowohl nach der Sitte wie auch der Religion bekommt die Braut die Morgengabe, über die sie frei verfügen kann.[2)] Doch da nach der Sitte der Vater oder ein naher männlicher Verwandter befugt ist, das Geld entgegenzunehmen, kommt es oft zu Mißbrauch.

Feministinnen erklären die ungleiche Behandlung der Frau in Sitten und Gewohnheiten mit dem Patriarchat. Es stammt aus einer Zeit, als die Familie noch durch physische Kraft beschützt wurde. Die Rolle des Mannes war die des Schützers und Nahrungsbeschaffers, während die Frau die Kinder gebar und aufzog sowie die Nahrung verarbeitete.[3)] Diese „Gewohnheit" wurde beibehalten und verstärkte sich noch während der vielen Okkupationen des Landes durch Osmanen, Briten, Ägypter, Jordanier und Israelis.

Sitten und Religion wurden zur psychologischen und sozialen Zufluchtsstätte gegen fremde Einflüsse. Sie bildeten eine Basis zur Erhaltung der eigenen Kultur und Identität, was die Position der Feministinnen und den Kampf um die Freiheit der Frau erschwerte. Denn auch sie sahen die Erhaltung ihrer Tradition und Kultur als notwendig an. Der Druck des Patriarchats einer- und der Fremdherrschaft andererseits ließ die Frauen ihre eigenen sozialen Befreiungsziele zugunsten der eigenen Kultur hintanstellen.

Das wirkte sich in vielen Bereichen aus. Wenn nicht genug Geld da war, um alle Kinder auszubilden, wurde fast immer der Junge auserwählt, da er künftig Ernährer und Oberhaupt einer Familie sein würde. Solche „Gewohnheiten“ wurden mit der Zeit zum Recht, obwohl der Islam ausdrücklich für alle MuslimInnen Bildung fordert und dies als essentielle Aufgabe ansieht.

Ein weiterer Punkt zeigt die Verflechtung zwischen Gewohnheitsrecht „urf“ und islamischem Gesetz „scharia“ auf: Solange der „urf“ der „scharia“ nicht widerspricht, ist er rechtsgültig für die Koran-Interpretation. Im Koran steht beispielsweise, der Mann müsse der Frau Unterhalt zahlen, doch wird kein spezifischer Betrag erwähnt. Dessen Höhe wird durch die Sitte festgelegt.

Der gesetzliche Stoff der „scharia“ basiert auf mehreren Quellen. Ihrem Rang nach sind es:

* der Koran,
* die „sunna“, die mündlichen Überlieferungen des Propheten Muhammad,
* der Konsens „ijma“ und
* der Analogieschluß „qiyas“.

Umstrittene Quellen sind der „istihsan“, der „istislah“ und das Gewohnheitsrecht „urf“.

Die „scharia“ beinhaltet die Gesamtheit von Gottes Ge- und Verboten. Sie bezieht sich nicht nur auf den Glauben, sondern auch auf die Handlungen des Menschen, sowohl Gott als auch den Menschen gegenüber.

Der Koran, das heilige Buch des Islam, besteht aus 114 Abschnitten von unterschiedlicher Länge, den „Suren“. Jede Sure umfaßt mehrere Verse – „aya“ (wörtlich: Wunderzeichen). Der Koran enthält insgesamt 6.236 Verse und ist ein durch den Propheten Muhammad vermitteltes göttliches Wunder. Nach islamischer Auffassung sind es Gottes eigene Worte, die dem Propheten in Mekka und Medina durch den Engel Gabriel in arabischer Sprache offenbart wurden. Ausdruck seines göttlichen Ursprungs sind für die Muslime sein unübertrefflicher literarischer und rhetorischer Stil sowie sein unsterblicher Rhythmus, der berauschend und leidenschaftlich an Geist und Seele rührt. Daher mißtrauen Muslime jeder Übersetzung des Korans in eine andere Sprache, da keine noch so getreue Übersetzung die wundervolle Wirksamkeit übermitteln kann.

Der Koran besteht aus einem mekkanischen und einem medinischen Teil. Der mekkanische Teil (etwa 19/30 der Gesamtschrift) wurde dem Propheten Muhammad in der ersten Periode seiner Mission offenbart und legt gewissermaßen den Grundstein des Islam und das allgemeine Verständnis der Lehren fest.

Auf diesen essentiellen Glaubensgrundlagen islamischer Ethik baut nun der medinische Teil die sozialen, politischen und rechtlichen Gestaltungen des Islams auf. Doch die Koranverse, die gesetzliche Bestimmungen enthalten, sind wenige und immer mit konkreten Anlässen verbunden.[4)]

Die „sunna" umfaßt Aussprüche, Taten und stillschweigende Billigungen des Propheten Muhammad, die er im Rahmen seiner göttlichen Mission kundtat. Sie gilt als unfehlbar und vorbildlich und daher als Quelle des Glaubens und des Gesetzes.

Der Koran und die „sunna" des Propheten sind die unmittelbaren Quellen der Autorität und stellen den göttlichen Willen dar, während die anderen den eventuellen Willen Gottes darstellen.

Rechtssprecher und -gelehrte mußten aber neue Rechtsquellen heranziehen, da der gesetzliche Stoff der „scharia" zum Großteil höchst unbestimmt war. Um die auftauchenden Fragen beantworten zu können, wurden die gesetzlichen Vorschriften auch aus neuen Quellen abgeleitet. Allgemein anerkannt sind der Konsens „ijma" und der Analogieschluß „qiyas".

Der „ijma" (wörtlich: Entschluß, Übereinstimmung) als Rechtsquelle entstand gleich nach dem Tod des Propheten als Konsens der „sahaba", seiner Gefährten. Als Ohren- und Augenzeugen seiner Offenbarungen, Aussagen und Taten besaßen sie hohe Autorität, und ihr Konsens gilt als höchste Instanz für Streitfragen der Gesetzesauslegung.

Der Analogieschluß „qiyas" (wörtlich: Abmessen, Vergleichen) wurde auf die Fälle angewendet, die weder in den heiligen Schriften noch durch den „ijma" geregelt waren. Für einen Analogieschluß durften nur die heiligen Texte herangezogen werden. Hier herrscht das Gebot der Gleichbehandlung gleichliegender Fälle. Es entstand, weil die bestehenden Rechtsvorschriften des sich in neue

Länder und Kulturen ausbreitenden Islams nicht mehr alle Lebensbereiche erfassen konnten.

Es gibt noch weitere, aber umstrittene Methoden beziehungsweise Quellen, auf die hier nur kurz eingegangen werden soll:

Der „istihsan"[5] (etwas für besser zu halten) wurde von Abu Hanifa (699-767), dem Begründer der hanafitischen Rechtsschule, entwickelt, jedoch – außer von der malakitischen – von allen anderen Rechtsschulen verworfen. Tatsache ist aber, daß mehrere Gesetzesvorschriften durch die Argumentationsmethode des „istihsan" abgeleitet wurden.

Den „istislah"[6] (etwas liegt im allgemeinen Interesse) entwickelte der Begründer der malikitischen Rechtsschule, Malik ben Anas. Der „istislah" diente zur Schaffung von Rechtsnormen, die die Allgemeininteressen – die aber nicht im Widerspruch zu den göttlichen Absichten stehen durften – schützen sollten.

Das Gewohnheitsrecht „urf" ist der zwischenmenschliche Verkehr, der durch dauernde Ausübung und allgemeine Anerkennung zum Recht avanciert. Die Geltung des Gewohnheitsrechts als Rechtsquelle wird dadurch gerechtfertigt, daß die „scharia" Rechtsgewohnheiten der vorislamischen Zeit übernahm.[7] Das Gewohnheitsrecht wurde als Rechtsquelle immer ergiebig verwendet.

Das Tor für juristische Argumentationsmethoden wie den Analogieschluß „qiyas" wurde im 10. Jahrhundert geschlossen. Danach herrschte in der Rechtswissenschaft die Tendenz zum „taqlid" (wörtlich: Nachahmung) vor, was „das Bekleiden mit Autorität", also „die Annahme der Äußerungen oder Handlungen eines anderen als autoritativ im Glauben an ihre Richtigkeit ohne Einblick in die Gründe"[8] bedeutet. Somit forderte der „taqlid" einen unbedingten Anschluß an die Meinung einer Rechtsschule, was teilweise verheerende Auswirkungen auf das Familiengesetz und damit auf die Frau hatte, da es fast tausend Jahre lang unverändert blieb.

Bei den sunnitischen Muslimen, zu denen rund 90% der Muslime[9] gezählt werden, gab es vier anerkannte Rechtsschulen, die sich mit den islamischen Lehren auseinandersetzten. Sie wurden alle im 9. Jahrhundert gegründet und sollten bei der Interpretation des Korans helfen. Sie tragen jeweils den Namen ihres Begründers – die hanafitische, die malakitische, die schafiitische und die hanbalitische Schule. Den Vorgang der Interpretation nannte man „igtihad".[10] Im Laufe der Entwicklungsgeschichte der islamischen Rechtswissenschaft nahm der „igtihad" verschiedene Formen an, je nach gegebener Situation und allgemeiner Tendenz. Beim Auftauchen neuer, nicht gesetzlich geregelter Sachverhalte griff man zum „igtihad". Wo also kein Korantext beziehungsweise keine „sunna"-Schrift gegeben war, bemühte man sich, eine eigene Meinung zu bilden. Das heißt: „Schweigt das Gesetz, entscheide man sich nach eigenem Rechtsempfinden, nach dem Geist des Gesetzes."[11]

Der Koran ist als Manifestation zu verstehen, als Offenbarung des Göttlichen im Bereich der Menschen. Regelungen und Strafnormen des Korans sind – bis auf wenige Ausnahmen – als allgemeine Direktiven aufzufassen, die bewußt großen Interpretationsspielraum bieten, damit die von ihnen abgeleiteten Gesetze der jeweiligen geschichtlichen Situation, den veränderten Lebensverhältnissen sowie den immer wachsenden Bedürfnissen und Erkenntnissen der Menschheit angepaßt werden können. Damit bleibt der Geltungsanspruch des Islams bis zum Jüngsten Tag in Theorie und Praxis erhalten. Der Koran selbst fordert die Menschen auf, sich mit ihm zu befassen und sich darüber Gedanken zu machen, welche Lehren in ihm enthalten sein könnten.[12]

Die Unbestimmtheit des gesetzlichen Stoffes in den heiligen Texten bot den Gesetzesgelehrten die Möglichkeit, immer wieder rechtsschöpferisch tätig zu sein und das Gesetz an die neuen Erkenntnisse und Bedürfnisse der Menschen anzupassen. Die Kehrseite dieser Freiheit waren jedoch Rechtsunsicherheit und Justizwillkür. Dies führte zum „taqlid" und zur autoritären Anerkennung der bereits kodifizierten Lehren der vier Rechtsschulen. Die Erstarrung der Gesetze schadete vor allem den Frauen, denn genauso, wie das islamische Gesetz der Frau im 7. Jahrhundert mehr Rechte gab, als sie vorher hatte, so standen ihrer Weiterentwicklung und Befreiung ebendiese unveränderten Gesetze, die veränderte Bedingungen und Entwicklungen kaum berücksichtigen, im Weg.

Die meisten Palästinenser folgen der hanafitischen Schule, die allgemein als liberalste gilt. Wie verschieden die Interpretationen der einzelnen islamischen Rechtsschulen sind, sieht man an der Möglichkeit für die Frau, sich von ihrem Mann scheiden zu lassen. Die hanbalitische Schule beschränkt diese Möglichkeit auf die Unfähigkeit des Mannes, seinen ehelichen Pflichten nachzugehen, oder im Falle seines Verschwindens, das so lange andauern muß, daß er 90 Jahre alt wäre, wenn er zurückkäme. Die anderen Schulen genehmigen der Frau die Scheidung, wenn der Mann eine Hautkrankheit hat, grausam ist oder sie verläßt. Es gibt noch weitere Unterschiede. Die hanbalitische Schule zum Beispiel räumt der Frau bei der Eheschließung mehr Rechte ein, während die malakitische ihr mehr Rechte bei der Scheidung gibt.[13)]

In der West Bank, die über zwanzig Jahre von Jordanien verwaltet wurde, herrschen bis heute die jordanischen Ehegesetze, die auf der „scharia" basieren. Die Gründe, die es einer Frau erlauben, sich scheiden zu lassen, sind: Gottlosigkeit; unheilbare Hautkrankheit; Geschlechtskrankheit; Geisteskrankheit; Verlassen für länger als ein Jahr; Unfähigkeit, das Brautgeld zu bezahlen; Unfähigkeit, für den Unterhalt aufzukommen; sowie Unfähigkeit der Frau, mit dem Mann zusammenzuleben.

Die „scharia" macht zweifellos einen Unterschied in der Behandlung von Männern und Frauen:

* Ein Mann darf vier Frauen heiraten, eine Frau nur einen Mann.
* Ein Muslim darf eine Muslimin, Christin oder Jüdin heiraten, eine Muslimin nur einen Muslim.
* Bei Zeugenaussagen wiegt das Wort eines Mannes das zweier Frauen auf.
* Der Begriff „qawama"[14)] (Hüter oder Wahrer) hat ebenfalls den Status der Frau beeinflußt und bedeutet, daß Frauen nicht die volle Befugnis über ihr Leben haben und eigentlich kein höheres öffentliches Amt annehmen dürften, da sie dadurch die Männer beaufsichtigen beziehungsweise überwachen würden.
* Das Erbschaftsgesetz bestimmt, daß die Frau im Vergleich zum Mann nur die Hälfte erbt.

Islamische Gelehrte erklären diese Geschlechtsunterschiede plausibel – so etwa die Erbschaftsregelung, nach der die Frau im Vergleich zu ihrem Bruder nur die Hälfte erbt: „Der Bruder ist verpflichtet, sich um seine Schwester zu kümmern, sie immer wieder zu besuchen, sie finanziell zu unterstützen, ihren Kindern finanziell und auch sonst beizustehen. Als Schwester hat sie das Recht, bei Problemen bei ihm Zuflucht zu finden und allgemein Unterstützung zu finden. Abgesehen davon ist er als Sohn verpflichtet, für seine Mutter aufzukommen und sie finanziell zu unterstützen. Um all diesen Verpflichtungen nachkommen zu können, erbt er mehr als seine Schwester."

Die ungleichwertige Zeugenaussage wird so gerechtfertigt: „Eine Frau ist im allgemeinen weicher und sensibler als ein Mann. Sie tendiert dazu, Tatbestände weniger streng darzustellen, und wird oft von ihren Gefühlen beziehungsweise ihrem Mitgefühl eingenommen. Daher die Aussage von zwei Frauen, da sie gemeinsam die Tatsachen klarer darstellen."

Wie auch immer die Erklärungen ausfallen, so basieren sie doch weitgehend auf der Gutherzigkeit des Mannes beziehungsweise der des Richters und ändern nicht den Tatbestand.

# Der weiße und der schwarze Faden

## Die Erziehung der Kinder

Entwicklung und Bewußtsein einer Gesellschaft kann man an ihrer Einstellung zu ihren schwächsten Mitgliedern, den Kindern, erkennen. Die Einstellungen, auf die im weiteren eingegangen wird, sind verschieden stark ausgeprägt, je nach Bildungsgrad und geographischer (Stadt, Dorf, Land) Zugehörigkeit der Eltern beziehungsweise der Familien. Doch kann man davon ausgehen, daß im folgenden die allgemein herrschende Grundtendenz formuliert wird.

Das auffälligste Merkmal in der Erziehung ist der große Unterschied in der Behandlung von Mädchen und Knaben, sodaß man eigentlich nicht von einer Kindererziehung sprechen kann, sondern diese von Beginn an in eine Mädchen- und eine Knabenerziehung einteilen müßte.

Die Unterscheidung zwischen den Geschlechtern beginnt schon, bevor ein Kind geboren wird. Das ungeborene Kind wird immer in der männlichen Form angesprochen und als solches angesehen. Man wünscht auch keiner Frau viele Töchter, sondern immer viele Söhne. Obwohl wiederum eine Frau, die keine Tochter hat, stillschweigend bedauert wird. Wenn man auf arabisch einen Vater oder eine Mutter nach der Anzahl ihrer Kinder fragt, so ist meist das verwendete Wort „awlad" (Plural von „walad", Junge). Die Antwort bezieht sich dann auch nur auf die männlichen Kinder. Erst bei weiterer Nachfrage „Und wieviel Töchter – banat?" werden auch die weiblichen Kinder erwähnt.

Die Zuneigung zu den Kindern ist allgemein sehr groß und wird auch – vor allem in den ersten Lebensjahren – ungehemmt durch spontanes Küssen und Umarmen zum Ausdruck gebracht; innerhalb des Heimes, da jegliche Liebeserklärung außer Haus als unschicklich gilt. Man kann nicht gerade davon ausgehen, daß ein strenges Erziehungskonzept besteht. Den Wünschen der Kinder wird wiederholt nachgegeben, bis plötzlich Überforderung eintritt und die Kinder mit lautem Schimpfen zurechtgewiesen werden. Die Erziehung unterliegt somit mehr den jeweiligen Launen der Erwachsenen, die, geprägt durch die schwierigen Alltagsbedingungen, sehr schwankend sind und immer am Rande eines emotionalen Ausbruchs balancieren. Viele Frauen geben ein schlechtes Gewissen ihren Kindern gegenüber zu, da sie ihnen nicht die ausgeglichene Familienatmosphäre bieten können, die sie gerne geben würden, weil sie selbst so viel Druck, Hilflosigkeit, Mißmut und Ziellosigkeit in ihrem Alltag erleben müssen. Eine Mutter sagte mir: „Ich möchte meinen Kindern so gerne eine gute Mutter sein und ihnen ein ausgeglichenes Zuhause bieten, mit ihnen spielen und lachen, doch wie kann ich das, wenn ich selbst durch die harten Lebensumstände das Lachen verlernt habe?" So nehmen oft Drohungen und Beschimpfungen überhand, die wiederum von tiefen und ehrlichen Liebesbeteuerungen unterbrochen werden.

In der palästinensischen Gesellschaft besteht wenig Raum und Zeit für die wichtige Periode der Kindheit. Palästinensische Kinder reflektieren ihre Umgebung so stark, daß man manchmal glaubt, es mit kleinen Erwachsenen zu tun zu haben, die den Sprung vom Kleinkind zum Erwachsenen auf Kosten einer natürlichen Kindheitsentwicklung vollzogen haben. Ein führendes Mitglied der Frauenbewegung, die schon öfters in Haft war, erzählt: „Eines Tages kam ein Reporter zu uns, um mich zu interviewen. Ich war gerade beschäftigt, meinen kleinen Sohn zu baden, sodaß sich meine achtjährige Tochter zu ihm setzte. Sie erzählte ihm von meinem Leben, meinen Gefängnisaufenthalten, meinen Verhören und meinen Ängsten, als ob es ihr Leben wäre. Als ich dazukam, hatte der Reporter Tränen in den Augen und sagte: ‚Wie grausam! Diesem Kind ist die Kindheit geraubt worden.'"

An der Erziehung der Kinder sind nicht nur die Eltern beteiligt. Jeder Erwachsene trägt dazu bei, dem Kind den Weg in die Gemeinschaft zu ebnen und gutes Benehmen zu fördern. Jede erwachsene Person wird als Tante beziehungsweise Onkel bezeichnet. Mit diesen Titeln wird eine gewisse Verantwortung, aber auch Autorität übertragen. Das Kind wird also von allen getragen und verwöhnt, bis zu einem gewissen Grad auch zurechtgewiesen und geleitet. Respekt gegenüber älteren Personen und großzügige Gastfreundschaft gehören zu den erzieherischen Grundelementen.

Es gibt zwei Methoden, ein Kind zu bestrafen. Auf psychischer Ebene wird mit dem Gefühl der Schande gearbeitet. Schande ist ein mit der äußeren Umgebung verbundenes Gefühl. Es resultiert aus der Wahrnehmung des Individuums, welche Meinung andere über es selbst haben. Kein Wunder, daß in einer Gesellschaft, in der die menschlichen Beziehungen und die Verbindungen untereinander eine so starke Rolle spielen, die Meinung anderer fast lebenswichtig ist und die Kinder von Anfang an darauf gedrillt werden, das so zu spüren. Die zweite Methode ist körperliche Bestrafung beziehungsweise die Drohung damit.

Alles in allem werden Kinder bei adäquatem Verhalten sehr gelobt, während falsches Benehmen streng beurteilt wird.

# Die Last des Prinzen

## Die Erziehung des Knaben

Wenn ein Knabe geboren wird, so wird er mit großer Freude empfangen. Die Brust des Vaters füllt sich mit Stolz, Position und Ansehen der Mutter steigen in der Familie ihres Mannes und in der Gesellschaft. Kein Wunder, daß eine Mutter stolz ihren Sohn der Familie präsentiert. Von nun an wird sie zur „um“ (= Mutter von) ihres ältesten Sohnes, zum Beispiel zu Um Ahmad.

Der kleine Junge wird allgemein aufgefordert, mutig zu sein, seine Wünsche und Bedürfnisse auszudrücken und sich durchzusetzen. Er wird nicht mit so vielen Verboten und Vorschriften konfrontiert wie ein gleichaltriges Mädchen. Schon früh wird ihm seine Männlichkeit bewußt gemacht und sein Stolz darauf gerichtet.

Eine patri-lineare Gesellschaft empfindet eigentlich nur die Knaben als zur Familie zugehörig. Ein Knabe ist nicht bloß der Träger des Namens der Familie, nur er kann diesen auch an die kommenden Generationen weitergeben. Dies bedeutet, daß der Klan seines Vaters nur durch ihn und seine Heirat wachsen und weiterleben kann. Weiters ist er es, der die Familie beziehungsweise seine Eltern im Alter versorgen wird und der auch verpflichtet ist, sich um die Familie zu kümmern. Eltern mit vielen Söhnen werden als gesegnet und stark empfunden. Ihr gesellschaftliches Ansehen steigt. Eine Mutter mit vielen Söhnen fühlt sich beschützt und kann durch den starken Einfluß, den sie auf ihre Söhne ausübt, viel erreichen, sogar gegen den Vater ihrer Kinder.

# Die geliebte Fremde

## Die Erziehung des Mädchens

Die Geburt eines Mädchens wird weniger gefeiert als die eines Jungen. Es wird meist strenger erzogen als ein Junge und von Anfang an auf Gehorsam und Vorschriftenbefolgung getrimmt. Mädchen werden auch mehr mit unsichtbaren Phantasiewesen, die angeblich draußen vor der Türe lauern, erschreckt und eingeschüchtert als Knaben. Sie werden bevorzugt im Haus gehalten, während ihre Brüder draußen spielen. Bewußt oder unbewußt werden Mädchen dazu erzogen, wenig Eigeninitiative zu ergreifen, passiv und schüchtern zu bleiben. Ein Mädchen wird oft als Gast betrachtet, da es eines Tages heiraten und zu einer anderen Familie ziehen wird. Durch sie wird nicht ihre eigene Familie, sondern eine andere Familie wachsen. Trotzdem wird sie immer in Bezug zu ihrer eigenen Familie gebracht, und jedes Fehlverhalten ihrerseits fällt auf ihre Familie zurück. Sie stellt somit eine ewige Verantwortung und auch eine Gefahr für den Klan und seine männlichen Angehörigen dar.

Im Gegensatz zum Jungen hat das Mädchen, das in der Frauenwelt aufwächst und auch dort bleibt, keine Probleme mit der Geschlechtsidentität, während Knaben, die ebenfalls ihre ersten Jahre in diesem Kreis verbringen und eine starke und intensive Beziehung zur Mutter haben, oft mit ihrer männlichen Identität Schwierigkeiten haben. Der abrupte Übergang von der sanften, weichen Welt der Frauen in die der Männer wirkt oft wie ein Schock, der durch starkes männliches Gehabe und Überidentifikation ausgeglichen wird.

Ungefähr ab dem siebenten Lebensjahr wird es nicht mehr gerne gesehen und sehr oft verboten, wenn Mädchen und Buben zusammen spielen. Die Geschlechtertrennung beginnt sich in diesem Alter aus Angst vor vorehelichen sexuellen Beziehungen und dem allzu lockeren Umgang mit dem anderen Geschlecht schon stark auszuprägen. Durch die Trennung werden auch eine gewisse Scheu, Respekt und Angst vor dem anderen Geschlecht gefördert.

## Mein Bett gehört dir

### Die palästinensische Familie

Das Leben in einer palästinensischen Großfamilie, also in einer Familie, die normalerweise über drei, manchmal auch vier Generationen reicht, entspricht mehr einer Kommune beziehungsweise einer

Gemeinschaft, in der das „Ich" des einzelnen nicht so ausgeprägt ist wie zum Beispiel im Westen.

Normalerweise gibt es in einem Großfamilienhaushalt einen großen Raum, in dem der Großteil des Familienlebens stattfindet. Hier sitzen die Frauen untertags zusammen und bereiten das Essen vor, das dann in der Küche gekocht wird; hier werden auch Freundinnen und Nachbarinnen empfangen, und hier spielen auch die Kinder. Die Speisen werden ebenfalls in diesem Raum eingenommen, und hier wird auch im Beisein anderer Frauen genäht, gestickt oder gestrickt. Am Abend wandelt sich der Raum zum Fernsehzimmer und spät in der Nacht wiederum zum Schlafzimmer für einen Teil der Familie. Es gibt auch in jedem Haushalt ein spezielles Gästezimmer, in dem männliche Gäste oder offizielle weibliche Besuche empfangen werden. Die einzigen in der Familie, die ein eigenes Schlafzimmer haben, sind meist das Familienoberhaupt und seine Ehefrau. In diesem Raum werden Geld, Schmuck, Dokumente und andere Kostbarkeiten aufbewahrt. Befinden sich diese Dinge in einem Schrank, so ist die Hausfrau die Hüterin des Schlüssels und meist auch gleichzeitig die Verwalterin der Güter.

Die intimsten und wichtigsten interfamiliären Gespräche finden in diesem Zimmer statt, und es ist meist das einzige, dessen Türe manchmal verschlossen wird. Normalerweise besitzt kein Familienmitglied einen eigenen Raum oder eine bestimmte Schlafstelle. Alles ist flexibel und richtet sich nach den Gegebenheiten und Bedürfnissen. Auch die Kleidung gehört nicht jedem einzeln, sondern wird unter den Familienangehörigen ausgetauscht. In den Schränken hat zwar jedes Mitglied ein für persönliche Sachen bestimmtes Abteil, aber dieses wird weder abgesperrt noch reagiert jemand empört, wenn etwas ungefragt verwendet wird. Somit liegt eigentlich alles zur allgemeinen Verwendung offen da, und jeder achtet auf die Sachen in gleichem Maße. Die verdienenden Mitglieder stellen entweder einen fixen Teil ihres Gehaltes zur Verfügung oder kaufen das ein, worum man sie bittet, beziehungsweise das, was sie für nötig halten.

Das Bedürfnis, sich zurückzuziehen, um ein wenig für sich alleine zu sein, besteht kaum. Die Abgrenzung zu anderen, das „Mit-sich-beschäftigt-Sein“ ist nicht so ausgeprägt, da die Individualität des einzelnen nicht so sehr zum Tragen kommt wie seine Einbettung ins Familienganze. Es gibt kaum Geheimnisse unter den Familienmitgliedern, alle Ereignisse und Erlebnisse des Tages werden gerne geteilt. Dafür sind vor allem die Abende reserviert, wenn alle Familienmitglieder beisammen sind und die Männer beziehungsweise die im Berufsleben stehenden oder studierenden Frauen und Mädchen von ihren Erlebnissen außerhalb des Hauses erzählen. Bei palästinensischen Familien gibt es zwei Hauptthemen: einerseits die israelische Besetzung und die damit verbundenen Auswirkungen wie Ausgangssperre, Gefangennahme eines Palästinensers, Streiks, Konfrontationen mit den Sicherheitskräften sowie politische Analysen; andererseits die familiären Geschehnisse beziehungsweise den interpalästinensischen Klatsch. Nüsse knabbernd, Tee trinkend, hie und da ein wenig Süßes naschend oder Obst essend verbringt die Familie den Abend gemeinsam.

Streit und Auseinandersetzungen werden selten ausgetragen. Man spricht eine Weile nicht miteinander, bis man die Sache sozusagen vergessen beziehungsweise dem anderen verziehen hat – bis „das Herz wieder klar ist“, wie es im Arabischen so schön heißt.

## In Freude und Trauer

### Die Struktur der Familie vor 1948

Die Katastrophe von 1948, in der mehr als zwei Drittel der palästinensischen Bevölkerung vertrieben wurden oder flüchteten und 250 arabische Dörfer[15)] zerstört wurden, hat die Situation der palästinensischen Familie stark beeinflußt.

Mit dem Begriff Familie ist nicht nur die Kernfamilie (Vater/Mutter/Kinder) gemeint, sondern auch die Großfamilie, die „hamula“[16)] und die „asira“[17)]. Sie füllten die Lücken, die durch den Wegfall einer administrativen und legislativen Autorität entstanden waren, und fungierten auch als soziales Netz. Das Individuum wurde in Zeiten der Freude (Hochzeit, Geburt, Hausbau, Rückkehr ins Heimatland usw.) sowie in Zeiten der Trauer (Tod, Unfall, Krankheit usw.) unterstützt.[18] Was dem einzelnen zustößt, betrifft die ganze Familie beziehungsweise den Klan. Es ist auch der ganze Klan, der für Fehler des einzelnen aufkommt und zahlen muß.

Die erweiterte Familie wie auch der Klan sind, wie in einem patriarchalischen System üblich, streng hierarchisch gegliedert:

1. der Klan, „hamula",
2. die erweiterte Familie, „asira",
3. die Kernfamilie (Eltern und Kinder),

die jeweils weiter unterteilt sind. Das Oberhaupt jeder dieser Institutionen ist der älteste Mann. Ihm folgen die anderen Männer, eingeteilt nach Alter beziehungsweise Beitrag zur allgemeinen ökonomischen Situation. So schuldet der Jüngere dem Älteren Respekt und Gehorsam und steht unter ihm, weiters steht die Frau unter dem Mann. Die Frauen erhalten in diesem System die Rolle des Pflegens und Erhaltens der Familie, doch kaum ein direktes Mitspracherecht. Die Entscheidungen, vor allem bei Hochzeit, Scheidung und Erbschaft, gehen vom Familienoberhaupt aus und werden fast immer befolgt. Dafür kommt die Familie auch für die Kosten auf und unterstützt ihre Mitglieder psychisch.

Die palästinensische Familie überlebte als einzige Institution den totalen politischen und ökonomischen Zusammenbruch von 1948. Sie bestätigte sich somit als wichtigste Beschützerin palästinensischer Werte, palästinensischer Identität schlechthin. Da die materielle Basis der Familie meist nicht mehr bestand, wurden ideelle Werte wie Solidarität, Familienbeziehungen und -kontakte sowie die „Ehre" besonders gepflegt und betont. Dies verstärkte sich während der Zeit des Krieges, des Terrors und der Panik noch mehr, als Überfalle auf Frauen und ihre Ehre (zum Beispiel Vergewaltigung), wenn nicht immer ausgeführt, so doch als Drohmittel verwendet wurden.

Fragt man heute ältere Palästinenser, wieso sie ihr Land verlassen haben und geflüchtet sind, so geben die meisten als Begründung den Schutz ihrer Ehefrauen und Töchter an. „Für viele palästinensische Männer war der Schutz ihrer Frauen vor Vergewaltigung wichtiger, als ihr Heim zu verteidigen, persönlichen Mut zu zeigen oder Widerstand auszuüben."[19] Diese Einstellung hat einen tiefen Eindruck auf das Bewußtsein der palästinensischen Bevölkerung hinterlassen. Sicher war das nicht der einzige Grund: Bomben, Massaker und Deportationen haben ihren nicht zu unterschätzenden Beitrag geleistet, doch allein, daß ein Großteil die „Ehre" als Grund angibt, sollte uns auf dieses Phänomen eingehen lassen.

Die traditionelle palästinensische Gesellschaft wird vor allem von zwei Faktoren dominiert und gelenkt: „Ehre" und „Schande". Träger dieser beiden essentiellen Faktoren waren immer die Frauen und Mädchen. Dies bedeutete, daß die ganze Familie, inklusive der Männer, ihre Ehre durch die öffentlichen Handlungen ihrer weiblichen Mitglieder bewahrte oder verlor. Es ist offensichtlich, daß diese Einstellung für die Entwicklung der Frau und ihre Teilnahme am öffentlichen Leben nicht sehr förderlich war, denn die Männer der Familie fühlten sich am sichersten vor jeglichen Fehltritten ihrer Frauen, ob gewollt oder ungewollt, wenn diese beschützt zu Hause blieben. Fragte man Männer, wieso sie so streng darauf bedacht waren, ihre Frauen zu schützen und ihnen nicht mehr Freiheiten zu geben, so kam meist als Antwort: „Man hat uns alles genommen. Wir haben kein Land, keine Identität. Der einzige Ort, an dem wir so sein können, wie wir wollen, ist in unserer Familie, und alles, was uns blieb, ist unsere Ehre!"

Wenn man also seine Ehre verliert, verliert man alles. Denn dann hat man auch innerhalb der Familienstruktur das Gesicht verloren. Dies ist in einer Gesellschaft, in der Zusammengehörigkeitsgefühl und gegenseitige Anerkennung sowie die Position innerhalb der Gemeinschaft so wichtig sind, gleichbedeutend mit dem Tod und wird daher unter allen Umständen zu vermeiden gesucht. Allgemein kann gesagt werden, daß die Kultur des Vorderen Orients „schandeorientiert", die des Westens „schuldorientiert" ist.[20]

Doch diese Haltung hat sich durch die andauernde Besetzung und die durch das Aufkommen der Intifada noch erschwerten Lebensbedingungen allmählich verändert. Heute kann man eine erhöhte Anteilnahme der Frau am öffentlichen Leben und am nationalen Befreiungskampf beobachten. In vielen Interviews, in denen das Phänomen der „Ehre“ zum Ausdruck gebracht wurde, wird dies deutlich. Eine Mutter, die selbst zu den Flüchtlingen des 48er Jahres gehörte, meinte: „Diese Generation ist viel wacher als wir, sie wäre nicht geflohen aus Angst um ihre Frauen. Meine Söhne würden mit ihren Frauen gemeinsam kämpfen um ihr Land, um die Ehre.“ Der Begriff der Ehre hat somit eine Entwicklung durchgemacht, da sich Ehre in erster Linie nicht mehr nur auf die Mädchen und Frauen bezieht, sondern umfassender auf die Ehre der Erde, des verlorenen Landes, das von beiden Geschlechtern verteidigt und zurückerobert werden kann.

# Mein Land bin ich

## Die Struktur der Familie nach 1967

Während des Sechs-Tage-Krieges besetzte Israel die seit 1950 mit Jordanien vereinte West Bank sowie Ost-Jerusalem. Zusätzlich wurden der unter ägyptischer Verwaltung stehende Gaza-Streifen eingenommen und Syrien die Golan-Höhen entrissen. Einen Vorteil hatten diese Eroberungen: Sie vereinten nach fast 20 Jahren wieder das palästinensische Volk, das bis dahin nicht nur geographisch, sondern auch politisch und bewußtseinsmäßig zerstreut war.

Die palästinensische Bevölkerung hat sich durch diese Ereignisse von einer Bauern- in eine Arbeitergesellschaft gewandelt. Viele junge Palästinenser hörten auf, das Land ihrer Vorfahren zu bebauen, und gingen als Arbeiter nach Israel, wo die Arbeit leichter und die Löhne höher waren. Israel ermutigte diese Einstellung und förderte auch die Anstellung von Frauen. Das hatte zur Folge, daß die jungen Männer sich von der Großfamilie emanzipierten und selbst eine Wohnung nahmen oder ein Haus bauten, in dem sie mit ihren neugegründeten Familien alleine lebten. So stieg in den siebziger Jahren der materielle Standard der palästinensischen Gesellschaft.

Das Brachliegen des Landes und die Verwandlung in Proletarier lösten einen neuen Prozeß in der palästinensischen Gesellschaft aus.

Am deutlichsten sichtbar ist diese Umwandlung bei den Frauen. In einer konservativen Gesellschaft sieht man es nicht gerne, wenn Frauen für Fremde, also außerhalb des Familienkreises arbeiten. Doch nun schien der materielle Wohlstand über der Tradition zu stehen. Diese Periode, also die siebziger Jahre, wird von vielen Palästinensern als die „Zeit der Flitterwochen" mit Israel bezeichnet.

Welche Auswirkungen hatten diese Entwicklungen auf die sozialen Beziehungen in der Familie und dadurch auch auf die Frau? Die jüngere Generation emanzipierte sich von der älteren, speziell durch die neuen getrennten Wohnverhältnisse nach der Heirat.

* Die Ehemann-Ehefrau-Beziehung wurde immer wichtiger und überstieg teils schon an Wichtigkeit die Familie-Sohn-Beziehung.
* Die interfamiliären Eheschließungen, die zum Zusammenhalt der gemeinsamen Ländereien beziehungsweise zur Stärkung der Familie dienten, nahmen ab.
* Die Meinung der Frauen bei der Eheschließung[21)] wurde mehr berücksichtigt.
* Der Einfluß des Klans auf wichtige Entscheidungen, speziell im Bereich der Eheschließungen und der Beerdigungen, ging zurück. (Wer sich in die Struktur der Großfamilie nicht einfügt, kann auch nicht damit rechnen, daß die Verwandten zu seinem Begräbnis kommen.)

Obwohl man nun vom Entstehen einer Kernfamilie sprechen kann und somit vom Beginn des Zerfalls der Großfamilie, stimmt das doch nicht ganz. Die junge Kernfamilie lebt zwar nun zum Teil allein, doch ist sie weiterhin mit der Großfamilie eng, auf sozialer und ökonomischer Ebene noch gänzlich verbunden. Das ist hauptsächlich darauf zurückzuführen, daß der neue Prozeß der Umwandlung vom Bauerntum zum bezahlten Lohnarbeiter keine tiefgreifende Veränderung innerhalb der Gesellschaft hervorrufen konnte. Denn die Menschen waren einerseits weiterhin stark mit ihrem Boden verbunden, andererseits war die Lohnarbeit zu instabil und unsicher, als daß man sich ganz auf sie verlassen hätte können.

Doch der Verlust des Landes und der Heimat löste etwas anderes aus. Ein Volk, das von nun an in der ganzen Welt verstreut wurde und auf anderer Menschen Länder angewiesen war, entdeckte die flexibelste und stärkste Waffe: die Bildung. Die Palästinenser erkannten, daß Bildung die Chancen auf gute Arbeit erhöht; daß Bildung niemandem weggenommen werden kann, egal, was geschieht. Die Entstehung palästinensischer Schulen und Universitäten trug viel zu diesem neuen Bewußtsein und auch zur politischen Schulung der männlichen und weiblichen Jugend bei. Sie boten das Übungsfeld zur Entstehung und Entwicklung neuer, vollwertiger Beziehungen zwischen den StudentInnen fern vom Elternhaus und dessen Obhut. Die Mädchen konnten erstmals relativ frei und zwanglos ihre zukünftigen Partner kennenlernen und wählen. Hier entstand auch die Basis zukünftiger Organisationen und Aktivitäten; von hier kamen die neuen Führungspersönlichkeiten.

Durch das Entstehen einer politischen Kraft wurde erstmals das nationale Bewußtsein über das familiäre gestellt. Die nationale Bewegung bemühte sich, für die ganze Bevölkerung da zu sein. Es wurden demokratisch orientierte Organisationen und Institutionen gegründet, in denen ein nationales Bewußtsein gefördert wurde, das über die persönlichen Familiengrenzen hinausreichte. Durch verschiedene Publikationen und Zeitungsartikel wollte man zusätzlich zu diesem globaleren nationalen Bewußtsein beitragen. Großer Wert wurde auch auf die Förderung des Bildungswesens gelegt.

Diese neue Einstellung beeinflußt auch die Familienstruktur stark. Die Gleichstellung der Geschlechter innerhalb der neuen Organisationen wird in der Familienhierarchie reflektiert, und das Gelten einer einzigen Meinung, nämlich der des Vaters, zerbröckelt langsam an der neuen demokratischen Einstellung der Familienmitglieder.

Die politisch aktiven Frauen tragen auch viel zur Veränderung innerhalb der Familie bei. Sie sind nicht mehr gewillt, nach traditioneller Art zu heiraten, sondern wollen ihre Partner selbst wählen. Sie verweigern das konventionelle Brautgeld, das meist in Form von Schmuck oder Gold übergeben wurde. Sie benötigen den

Schutz eines hohen Brautgeldes nicht, da sie selbst arbeiten und mit ihrem zukünftigen Ehemann eine echte Partnerschaft eingehen wollen. Meist beteiligen sich Frauen am Ankauf des Hausrates und an anderen wichtigen Anschaffungen. Die Hochzeitsfeier, die normalerweise vom Bräutigam und dessen Eltern finanziert wurde und die jungen Männer meist in hohe Schulden stürzte, wird von diesen Frauen nicht akzeptiert. Ihnen ist es wichtiger, das Geld für den Aufbau ihrer Zukunft zu verwenden, als eine Ehe pompös und gesellschaftsgerecht, aber mit Schulden zu beginnen.

Die nationale Bewegung unterstützt die Frauen auch in ihrem Bestreben, an den Befreiungsaktionen teilzunehmen, und hilft ihnen gegen den Widerstand der Familie. Die neuen gesellschaftlichen Verhältnisse spiegeln sich auch in den Befreiungsliedern wider, die die Frau als gleichwertige Kämpferin und Aktivistin beschreiben und nicht als schutzbedürftiges, auf die Kraft des Mannes angewiesenes Wesen.

Natürlich zeigen sich diese Veränderungen, je nach sozialer und geographischer Position der Frauen, unterschiedlich stark. Frauen aus der städtischen Mittelschicht können mehr vorweisen als Bäuerinnen in entlegenen Dörfern. Die Frauen in den Flüchtlingslagern nehmen eine Mittelposition ein. Doch allgemein kann man davon ausgehen, daß der Beginn einer feministischen Befreiungsbewegung in den siebziger Jahren anzusetzen ist.

# Vom Finger zur Faust

## Die Massenorganisationen in den besetzten Gebieten

Als Israel 1967 Ost-Jerusalem, die West Bank und den Gaza-Streifen einnahm, begann sich innerhalb der palästinensischen Bevölkerung ein neuer politischer und sozialer Prozeß abzuzeichnen, der neue Formen der Identitätsfindung und der Befreiungsversuche einleitete. In dieser Zeit kristallisierten sich zwei Prozesse des palästinensischen Widerstandes heraus: einerseits der bewaffnete Kampf, der sich aber nicht auf die gesamte Bevölkerung ausbreitete, andererseits wurden die ersten Schritte gesetzt, um die nationale Bewegung zu einer von allen getragenen Kraft zu machen.

Sofort nach der Besetzung Ost-Jerusalems kam es zur Gründung des Hohen Islamischen Rates zum Schutz der Interessen der Muslime und deren Heiligtümer. Weiters wurde das Nationale Führungskomitee eingesetzt, ein halbgeheimes politisches Komitee, in dem Repräsentanten verschiedener politischer Gruppierungen, auch des Hohen Islamischen Rates, miteinander in Verbindung traten und arbeiteten. Das Nationale Führungskomitee war der erste Versuch, der nationalen Bewegung einen sozialen Status zu geben. Doch Israel unterband alsbald den Versuch, die Bevölkerung gegen die Okkupation zu mobilisieren. Die Verbannung sämtlicher Führer und Organisatoren hatte zur Folge, daß die Bewegung ins Stocken geriet und 1969 ein jähes Ende fand.[22)]

Zu Beginn der siebziger Jahre zeichnete sich ein neuer politischer und kultureller Prozeß ab. Interessanterweise basierte er auf der Erkenntnis, daß die Okkupation nicht von kurzer Dauer sein würde. Eingeleitet wurde die neue Phase durch die Gründung der Palästinensischen Nationalen Front. Es wurden verschiedene Institutionen und Organisationen ins Leben gerufen, um den durch die israelische Okkupation entstandenen Veränderungen zu entsprechen. Vor allem war man darauf bedacht, ein Fundament für den zukünftigen palästinensischen Staat zu legen. Die Palästinensische Nationale Front erklärte sich als Teil der PLO und stellte somit ein Bindeglied zwischen den PLO-Führern außerhalb des Landes und der Bevölkerung dar. Beiden Seiten wurde klar, daß die Mobilisierung der Massen in den besetzten Gebieten und die Formung von Organisationen ein wichtiger Bestandteil der Unterstützung der palästinensischen Bevölkerung in ihren alltäglichen Bedürfnissen war und einen Halt gegen die Aktivitäten der Besatzer bot. So wurden in dieser Zeit die ersten Studenten-, Frauen-, Arbeiter- und Jugendorganisationen gegründet wie auch die ersten Gewerkschaften und Vereine. Ihnen allen war gemeinsam, die Interessen ihrer Gruppe zu verteidigen und die Energien für den Kampf gegen die Okkupation zu mobilisieren. Auf kultureller Ebene sprossen alle Kunstformen, es kam zu einem noch nie dagewesenen Aufschwung vor allem des Theaters und der Literatur. Das palästinensische Theater wurde zum Symbol des avantgardistischen arabischen Theaters und inspirierte den ganzen arabischen Raum.

# Vom Tropfen zum Meer
## Die palästinensische Frauenbewegung

Die palästinensische Frauenbewegung begann in den zwanziger Jahren und war von Anfang an auf den Kampf gegen die zionistischen Aktivitäten und deren Politik ausgerichtet. 1921 gründeten aktive Bürgerinnen in Jerusalem die Arabische Frauenunion, die in der Organisation von Demonstrationen gegen die Gründung jüdischer Siedlungen in Palästina und gegen die pro-zionistische Politik Großbritanniens eine wichtige Rolle spielte.

1929 fand in Jerusalem die erste Frauenkonferenz statt. Anschließend marschierte eine Delegation zum Haus des britischen Gouverneurs und rief: „Um unserer Heimat zu dienen, nehmen wir unseren Schleier ab!“[23] Dies war ein Zeichen für die Bereitschaft der palästinensischen Frauen, für die nationale Befreiung mit den Sitten und Traditionen zu brechen. Neben einer unterstützenden Rolle in der Versorgung der männlichen Revolutionäre mit Erster Hilfe und Essen sowie beim Verteilen von Flugblättern nahmen 1936 Frauen aktiv als Kämpferinnen und Botinnen an der Revolte gegen die britische Herrschaft teil.

Die Situation der Frau veränderte sich 1948 drastisch, bedingt durch die Massenvertreibung beziehungsweise -flucht der palästinensischen Bevölkerung. Durch den Verlust des Landes transformierte sich der Status der Frau von der Bäuerin zur Arbeiterin.[24] Durch den Einstieg in die Arbeitswelt – fernab vom Familienbetrieb und Familieneinfluß – begann ein Modernisierungsprozeß, der erst in den sechziger Jahren seine Früchte trug. In dieser Zeit kam es zur ersten Konfrontation mit den großteils europäischen Juden. Obwohl die arabischen Arbeiterinnen zwar angestellt, aber nicht mit ihren jüdischen Kolleginnen gleichberechtigt waren, sahen und lernten sie von diesen neue Verhaltensformen und Lebenseinstellungen. Eine Palästinenserin erinnert sich: „Manche jüdische Frauen rauchten in aller Öffentlichkeit oder trugen kurze Hosen, und obwohl ich so etwas nie machen würde, so faszinierte es mich, mit welcher Selbstverständlichkeit sie es taten."

In der Nachkriegszeit konzentrierten sich die palästinensischen Frauen auf Wohltätigkeitsarbeit. Sie wollten damit dem Fehlen öffentlicher und staatlicher Dienste entgegenwirken. Frauen kümmerten sich vor allem um die Kinderversorgung, die medizinische Versorgung sowie um die Beschaffung von Nahrung und Kleidung.

Die Frauenorganisationen in den besetzten Gebieten, meist in Städten entstanden und von Frauen der gehobenen Mittelklasse gegründet, besaßen offene, halblegale Strukturen, setzten sich mit speziellen Frauenthemen auseinander und unterstützten die Frauen.

Nach dem Krieg von 1967 mußten sich die palästinensischen Frauen wiederum neu orientieren. Der Wohltätigkeitscharakter der Frauenorganisationen wurde durch sozialpolitische Aktivitäten ersetzt und ihr Schwerpunkt auf die berufstätige Frau gelegt, da ihre Präsenz in der Arbeitswelt der Männer stärker geworden war. Viele Institutionen boten Alphabetisierungs- und Berufsausbildungskurse an. Für die Frauen begann eine neue, dynamische Periode, in der sie ihr Können und Wissen einsetzen konnten, um sich und damit der palästinensischen Gesellschaft weiterzuhelfen.

## Die große Mutter

### Die Wohltätigkeitsvereine

Die Frauenbewegung hatte von ihrer Entstehung bis in die siebziger Jahre überwiegend Wohltätigkeitscharakter. Gegründet wurden die Vereine von Frauen aus wohlhabenden Familien. Die traditionelle Aufgabe der Frau zeigte sich hier in gesellschaftlich erweiterter Form. Die Leiterin eines solchen Vereins war meist eine ausgeprägte, allgemein akzeptierte Persönlichkeit, die dem Verein ihre Note gab und alle Fäden in der Hand hielt. Radius und Aktivitäten dieser Vereine konzentrierten sich zumeist auf die Städte. In ihrem Widerstand gegen die Okkupation verließen sich die Frauen vor allem auf das Image und Durchsetzungsvermögen hervorragender Persönlichkeiten der palästinensischen Gesellschaft, was sie natürlich gegen Vergeltungsmaßnahmen des israelischen Militärregimes anfällig machte. Oftmals wurden Vereine durch Gefangennahme oder Hausarrest ihrer Führerinnen außer Gefecht gesetzt.

## Die Mutter wird Frau

### Die Frauenkomitees

Erst Ende der siebziger Jahre bildete sich eine neue Generation von Frauen heraus, die eine andere Vorstellung von weiblicher Öffentlichkeitsarbeit hatte und eine Herausforderung an die bis dahin konservative und traditionelle Struktur bildete.

Die „neue" Frauenbewegung wurde am internationalen Frauentag 1978 bei einem Treffen in Ramallah gegründet. Eine Gruppe von ungefähr fünfzig Studentinnen und jungen berufstätigen Frauen etablierte das „Arbeiterinnenkomitee". Hauptthema war die Auseinandersetzung mit der sozialen und nationalen Unterdrükkung der palästinensischen Frau. Diese jungen Frauen wollten sich nicht nur auf die Städte konzentrieren, sondern eine umfassende Basis errichten, die auch die Frauen in den Dörfern und am Land erreichen sollte. Sie strebten eine qualitative Veränderung der Situation der Frau an. In dieser neuen Frauenbewegung sollten Frauen aller Klassen inkorporiert werden und zu Wort kommen, die gewillt waren, für ihre Rechte zu kämpfen und die nationale Befreiung mit der Befreiung der Frau zu verbinden.[25)]

Anfang der achtziger Jahre begann das „Arbeiterinnenkomitee" mit der Gründung von Ortsgruppen in Dörfern. 1982 entstanden drei weitere Komitees: die „Palästinensische Union der arbeitenden Frauenkomitees", das „Palästinensische Frauenkomitee" und das

„Frauenkomitee für soziale Arbeit". Obwohl es zu dieser Aufsplitterung in verschiedene Komitees kam und zur Angliederung an eine jeweils andere politische Partei, bestand zwischen diesen Komitees weiterhin hohe Kooperationsbereitschaft, und sie verloren die gemeinsamen Ziele nicht aus den Augen.

Die Inhalte der verschiedenen Frauenkomitees ähneln einander. Für alle ist die Frauenbefreiung untrennbarer Bestandteil der nationalen Befreiungsbewegung. Unter den gegebenen politischen Bedingungen ist es sehr schwer, ein davon entkoppeltes feministisches Programm zu entwickeln, da die meisten Frauen in der nationalen Befreiung ihre Hauptaufgabe sehen. Allgemein kann man sagen, daß die linksgerichteten Komitees (etwa die drei erwähnten) bemüht sind, ihren Schwerpunkt auf Frauenfragen zu konzentrieren, obwohl sie diese Einstellung immer mit den Worten „Erst die nationale Befreiung, dann die feministische Befreiung" verfechten.

Die Aktivitäten aller Frauenkomitees umfassen Bereitstellung von Basisdiensten, verschiedene Ausbildungs- und Arbeitskurse wie Kindergruppen für Kinder arbeitender Mütter, Sommercamps für Kinder, Gesundheitszentren, Erste-Hilfe-Kurse, Kurse zum Erlernen von Lesen und Schreiben, Seminare über Säuglingspflege, Ernährungskurse, Arbeitskurse für Nähen und Stricken und Vermarktung von Produkten, die Frauen zu Hause herstellen. Die Mobilisierung der Frauen für politische Arbeit – etwa Solidaritätsbesuche bei betroffenen Familien, Organisation von Demonstrationen und Sitzstreiks sowie Publikationen zur politischen Erziehung[26)] – bildet den Kern der Aktivitäten.

Die fortschrittlichsten Arbeitsprogramme bestehen zweifellos im Bereich der politischen Arbeit. Die Arbeits- und Ausbildungskurse wiederum dienen zwar dazu, den arbeitenden Frauen zu helfen beziehungsweise den Hausfrauen eine bessere Basis im täglichen Leben zu verschaffen, bieten den Frauen aber keine Möglichkeit, den Einstieg in das öffentliche Arbeitsleben zu schaffen.

Die Ausdehnung der traditionellen Arbeitsbereiche der Frau und deren Einfügung in den nationalen Befreiungskampf tragen nur dann zur Emanzipation der Frau bei, wenn auch ein ideologi-

um eine Gleichberechtigung zu erlangen, sind in der Urkunde der Vereinten Nationen zu finden, in der Allgemeinen Deklaration für Menschenrechte und in der Frauenkonvention (die Konvention gegen jegliche Form der Diskriminierung der Frauen) sowie in den internationalen Konventionen für zivile und politische sowie für ökonomische, soziale und kulturelle Rechte.[41)]

So allgemein in der Charta der Vereinten Nationen die Menschenrechte gefaßt sind – „Die Vereinten Nationen sind bemüht, die Respektierung der Menschenrechte und die fundamentalen Freiheiten für alle zu fördern und zu unterstützen, ohne einen Unterschied zwischen Rasse, Geschlecht, Sprache oder Religion zu machen" –, so ausgeprägt sind die Bestimmungen und Rechte der Frau in der Frauenkonvention. Sie wurde 1991 von 103 Ländern unterzeichnet, unter anderem von Libyen, Tunesien, Ägypten, dem Jemen und dem Irak. Artikel Eins der Frauenkonvention definiert Diskriminierung folgendermaßen: „Jede Unterscheidung, Ausschließung oder Einschränkung, die aufgrund des Geschlechts gemacht wird und die zur Folge hat oder die Absicht beinhaltet, die Einschränkung der Freude der Frau und die Ausübung ihrer Tätigkeiten zu beschränken beziehungsweise zunichte zu machen.

Die Gleichberechtigung ist unabhängig vom Familienstand auf der Basis der Gleichberechtigung von Mann und Frau, von Menschenrechten und fundamentalen Freiheiten im politischen, ökonomischen, sozialen, kulturellen, zivilen sowie in jeglichem anderen Bereich auszuüben."

Die Palästinenser müßten abwägen, inwiefern sie bereit zu einer Konfrontation sind, deren Endresultat die Gleichberechtigung ist. Die Schritte in Richtung Gleichberechtigung und damit auch zu einem demokratischen Staat müßten behutsam gesetzt und geplant werden, denn jede allzu hastige Entwicklung, die nicht vom Bewußtsein eines Volkes getragen wird, läuft Gefahr, beim ersten größeren Widerstand zusammenzubrechen oder ins Gegenteil umzukippen. Auch wäre es gegenüber den palästinensischen Frauen unverantwortlich, sie zu beschleunigtem Vorgehen zu ermutigen, da sie weiterhin in ihrer Kultur und ihrer Gesellschaft leben müssen

sches und bewußtseinsförderndes Gerüst besteht. Sonst könnte diese Ausdehnung nach der Befreiung ihre Legitimität verlieren und wie ein losgelassenes Gummiband in die frühere Lage zurückschnalzen. Dazu eine der führenden Frauen in den Frauenkomitees: „Es reicht nicht, daß Frauen in Ausnahmesituationen einen größeren Arbeits- und Freiheitsraum zugewiesen bekommen. Wir müssen die Voraussetzungen für eine stabile Basis liefern, sodaß wir nicht mehr zurückgedrängt werden können. Dies können wir nur durch politisch-soziale Schulungen und eine selbständige ökonomische Basis erreichen."

Die Rolle der Frau innerhalb der Familie als Schwester, Ehefrau, Tochter oder Mutter wird kaum je angesprochen. Keine Frauenorganisation wagte sich bis jetzt an Gesetze, die den Status der Frau betreffen, wie zum Beispiel das Erb- oder das Scheidungsgesetz.

Statt dessen kämpfen die Frauenkomitees für bessere Arbeitsbedingungen, längere Karenzurlaube (derzeit bekommt eine Mutter nur zwei Monate bezahlten Karenzurlaub) und kürzere Arbeitszeiten. Obwohl auf diesem Gebiet der Kampf sehr zäh ist, haben die Frauenorganisationen zumindest einen symbolischen Sieg errungen, nämlich den internationalen Frauentag zu einem bezahlten Urlaubstag für arbeitende Frauen zu machen.[27)]

## Mit erhobenem Haupt

### Auswirkungen der Intifada auf die Rolle der Frau

Die Intifada[28)] begann am 9. Dezember 1987 im Flüchtlingslager Jabalia im Gaza-Streifen. Auslösendes Moment war die Ermordung von acht palästinensischen Arbeitern aus Gaza,[29)] doch an sich war die Intifada eine Reaktion auf das Leben unter israelischer Besetzung und die daraus resultierenden unerträglichen menschlichen Verhältnisse. Die fortschreitende Beschlagnahmung palästinensischen Landes durch die israelische Regierung und die jüdischen Siedler hatte die berechtigte Sorge ausgelöst, es werde wohl bald kein Land zum Verhandeln mehr geben.

Der Aufstand verbreitete sich binnen weniger Wochen im Gaza-Streifen und in der West Bank und konzentrierte sich erst auf die Flüchtlingslager. Die tragende Kraft bildeten überall Jugendliche.

Die erste Phase der Intifada bestand vor allem aus spontanen Demonstrationen gegen die israelische Armee. Jugendliche warfen Steine, verbrannten Autoreifen und stellten Barrikaden auf. Alles geschah spontan. Allmählich umfaßte die Intifada alle. Menschen aus allen Generationen, allen sozialen Schichten beteiligten sich daran und machten einen echten Volksaufstand daraus. Zum ersten Mal hatte die palästinensische Bevölkerung das Gefühl, nicht nur Opfer zu sein, sondern nahm ihr Schicksal selbst in die Hand.

Zu Beginn des Aufstandes waren die Frauen mehr involviert als die Männer. Weil sie, im Gegensatz zu den Männern, großteils zu Hause waren, standen sie jederzeit zur Verfügung und konnten ins Geschehen eingreifen. Frauen beteiligten sich wie die Männer an Demonstrationen. Sie warfen Steine und bauten Barrikaden, um die Armee am Einmarsch in die Lager oder Dörfer zu hindern, übernahmen auch oft die Führungsrolle und setzten sich Konfrontationen mit dem Militär aus. Ihre Beteiligung spornte die Männer noch mehr an und sorgte für ein verbindendes und kameradschaftliches Klima zwischen den Geschlechtern. Die Frauen setzten sich großen Gefahren aus und standen den Männern in nichts nach. In den ersten drei Monaten waren 5 Prozent der Verwundeten und bis September 1988 11,5 Prozent der Getöteten Frauen.[30)]

Die zweite Phase war von der Rückkehr der meisten Frauen zur traditionelleren Rolle als unterstützende Kraft geprägt. Nach den ersten drei Monaten verlagerten sich die Aktivitäten der Frauen mehr auf andere Gebiete. Die Revolte mußte organisiert und geplant werden. Frauen übernahmen oft in den Volkskomitees, die überall neu entstanden, die Führung. Sie alle unterstanden der zum Großteil aus jungen, dynamischen Mitgliedern zusammengesetzten Vereinten Nationalen Führung, die auch den Mut und die Offenheit hatte, Situationen unkonventionell zu lösen und allen Palästinensern, ob männlich oder weiblich, gerechte Behandlung zukommen zu lassen und sie in ihren Entscheidungen zu unterstützen.

Ein Beispiel für die unterstützende Rolle der Führung und der Komitees gegenüber der Frau: Als ein Ehemann aus dem Flüchtlingslager Aqbat Jabr seiner Frau nicht erlaubte, eine neue Arbeit zu suchen, und ihr auch die Beteiligung an Frauenorganisationen verbot, wandte sie sich mit ihrem Wunsch, den Mann zu verlassen, an ein Komitee. Dieses unterstützte sie, und als der Ehemann drohte, die Kinder zu sich zu nehmen, schlug ihr das Komitee vor, bei einem islamischen Gericht um das Sorgerecht anzusuchen. Da der Ehemann wußte, daß das islamische Gericht keine exekutive Funktion besaß und die Frau sich sicher nicht an die israelische Polizei um Hilfe wenden würde, weigerte er sich, den Spruch des Gerichtes zu befolgen. Doch das Komitee sicherte der Frau die Durchführung des Rechtsspruches zu[31] und ermutigte dadurch viele andere Frauen dazu, ihre Rechte einzuklagen.

Die Frauen wurden zum Rückgrat der Revolte, indem sie sich allgemein um die Weiterbildung der Bevölkerung und speziell um die der Kinder bemühten. Mit Hausbesuchen und privatem Unterricht füllten sie das Vakuum, das durch die Schließung der Schulen und Universitäten durch die Israelis entstanden war. Auch wurden Komitees gegründet, die den Frauen beim Aufbau einer autarken Wirtschaft halfen. Eigene Gemüsegärten wurden angelegt, Hühnerzucht wurde betrieben und insgesamt eine ökonomischere Haushaltsführung eingeübt. Frauen hielten Wache auf den Dächern, sammelten Steine, die sie in Körben in den Hauseingängen deponierten, verteilten Essen an die Demonstranten und stellten Zitronen und Zwiebel gegen das Tränengas zur Verfügung.[32] Frauen kümmerten sich auch um die Familien der Gefallenen, der Verhafteten und Verwundeten. Sie etablierten Zentralen für Blutspenden, gaben Flugblätter heraus und sammelten Spenden im In- und Ausland. Sie wurden zum erhaltenden Kern der Intifada.

Sehr bald erkannte die israelische Militärregierung die Effizienz der Volkskomitees und verbot sie folgerichtig in der zweiten Hälfte des Jahres 1988. Ihren Mitgliedern drohte eine zehnjährige Haftstrafe beziehungsweise Verbannung aus dem Land. Das schreckte natürlich viele Frauen ab, da die meisten Mütter waren und sich weder lange Haft noch Verbannung leisten konnten. Durch den langsamen Verfall der Komitees beziehungsweise ihren Rückzug in den Untergrund breitete sich unter den Frauen eine gewisse Orientierungslosigkeit aus. Auch die übrigen Familienmitglieder ängstigten sich um sie. Entführungen von Palästinenserinnen durch israelische Extremisten verstärkten diese Angst. Zusätzlich wurden konservative Bewegungen immer stärker, die eine Rückkehr zu religiösen und traditionellen Werten forderten – eine in der ganzen arabischen Welt zu beobachtende Entwicklung, die auf mehrere Gründe zurückzuführen ist. Die gesamte arabische Welt leidet an einer – zum Teil durch die schlechte ökonomische Situation in den Ländern ausgelösten – Identitätskrise. Die Korruption breitete sich immer mehr aus, und die Schlucht zwischen Arm und Reich wuchs. Auch war die Zeit der importierten „Ismen" aus Europa vorbei, ohne die Lage wirklich verbessert zu haben, also begann man sich auf eigene traditionelle Werte zu besinnen und gleichzeitig alle fremden Einflüsse – speziell die als westlich angesehenen – abzulehnen oder zu bekämpfen. In Palästina übernahm die „Hamas"-Bewegung die Rolle des „Zurück zu traditionellen und religiösen Werten". Sie zeichnet sich auch dadurch aus, daß sie weder eine Teillösung noch einen Kompromiß mit den Israelis eingehen will. Durch Selbstmordkommandos und Überfälle auf israelische Soldaten machte sie der aufgestauten Wut und bitteren Enttäuschung der Palästinenser Luft und gab ihnen zumindest für kurze Zeit den Geschmack eines Sieges. Wie immer bei konservativen Bewegungen richtete sie ihr Augenmerk besonders auf die Frauen. Sie sollten wieder ihre essentielle Aufgabe übernehmen, nämlich die der dienenden Ehefrau und aufopfernden Mutter, denn nur dadurch könne eine Gesellschaft „gesund wachsen". Die Straße und das öffentliche Leben seien Domäne des Mannes, in ihr dürfe sich die Frau nur mit verdecktem Haupt und in beschränktem Maß bewegen.

All das trug dazu bei, daß nur mehr jene Frauen aktiv blieben, die auch Mitglieder in Frauenkomitees waren, also eine politische Schulung genossen sowie über eine gewisse ökonomische Unabhängigkeit und eine Ausbildung verfügten, die ihnen das ermöglichte.

Die größere Freiheit innerhalb der Familie und die Anerkennung der Gesellschaft sowie das neue Selbstbewußtsein der palästinensischen Frauen konnten trotz der wiederkehrenden konservativen Welle nicht mehr rückgängig gemacht werden. Eine politisch aktive junge Frau drückt dieses neue Selbstverständnis so aus: „Wenn Frauen früher interviewt und nach ihrer Meinung gefragt wurden, drehten die meisten ihren Kopf schamhaft zur Seite und lächelten verlegen. Jetzt aber kann man jede Frau, und sei sie noch so einfach, auf der Straße ansprechen, und sie wird in aller Selbstverständlichkeit ihre Meinung sagen und mit aufrechtem Kopf dem Fragenden in die Augen sehen. Denn sie weiß, daß sie eine wichtige Rolle im Schicksal ihres Volkes spielt."

Für die palästinensische Frau war die Intifada ein Wendepunkt, der viel zu ihrer Befreiung beigetragen hat. Trotzdem ist diese jetzt wieder in Gefahr. Es wird an den Frauenorganisationen und deren Fähigkeiten liegen, ein wirksames politisches und soziales Programm aufzustellen, in dem die folgenden Themen besonders hervorgehoben werden:

* Frauen und ihre Bewältigung der Probleme im Berufsleben,
* das Recht der Frau auf Bildung und
* das Recht der Frau auf Selbstbestimmung über ihr Leben.[33)]

Nur ein generelles soziales Programm, das alle Frauen anspricht und einschließt, hat eine Chance, der neuen patriarchal-religiösen Welle eine Kraft entgegenzustellen.

Die palästinensische Bevölkerung tendiert zu zwei Polen, deren einer „zurück zu traditionell-religiösen Werten", der andere „nach demokratisch-modernen Zielen" strebt. Welche der beiden Orientierungen in Zukunft Oberhand behalten wird oder ob es zu einer Synthese kommen könnte, ist noch nicht abzusehen. Die Intifada jedenfalls war nicht fähig, Traditionen und religiöse Normen auf Dauer zu durchbrechen. Zu Beginn der neunziger Jahre konnte oder wollte die Vereinte Nationale Führung kaum mehr gegen die erstarkende fundamentalistische Bewegung auftreten und erklärte das mit der Vermeidung einer Aufsplitterung innerhalb des palästinensischen Lagers im Kampf um die nationale Befreiung.

# Der bittere Honig
## Die Zukunft

Man fragt sich, wieso palästinensische Frauen es nicht schafften, eine politische Führungsrolle einzunehmen, obwohl sie wesentlich an der Befreiung ihres Landes mitwirkten. Dies ist zum Teil auf die Gewohnheit und den Brauch zurückzuführen, daß nur Männer Führungsrollen innehaben, sowie auf den wachsenden Einfluß der Fundamentalisten. Andererseits würde es auch der Hauptaufgabe der Frauen zuwiderlaufen, die darin besteht, große Haushalte zu führen, ohne Unterstützung von den Männern zu bekommen, da diese sich entweder versteckt halten, in Haft, verwundet, verbannt oder tot sind.[34)] Es gibt unter den Frauen nur wenige Ausnahmen. Eine, die an die internationale Öffentlichkeit trat, ist die Sprecherin der palästinensischen Friedensdelegation, Hanaan Ashrawi. Doch genauso wie Benazir Bhutto für Pakistan oder Corazon Aquino für die Philippinen ist Ashrawi für die Frauen ihres Landes nicht repräsentativ.

Um den palästinensischen Frauen eine echte und stabile Basis für ihre Arbeit zu geben, die ihnen Gleichberechtigung garantiert, müßten ihre Rechte gesetzlich verankert werden. Der wohl wichtigste Schritt in einer vorwiegend islamischen Gesellschaft wie der palästinensischen ist die Auseinandersetzung mit den Gesetzen der „scharia" und deren Interpretation durch Tradition und Sitten. Denn ein Großteil der Rechtfertigungen für die Unterdrückung der Frau basiert auf patriarchalen Einstellungen, die sich den Mantel der Religion umhängen und so ihre allumfassende, unanfechtbare Note bekommen.

Die „scharia" wird in den besetzten Gebieten nach jordanischem Gesetz kodifiziert. Gemeinsam mit den bestehenden Bräuchen und Traditionen hat sie zur fortwährenden Unterdrückung der palästinensischen Frauen beigetragen. Die folgenden konkreten Vorschläge zur Modifizierung der Bräuche und Sitten sowie der Religion sollen den Status der Frau verbessern und so der ganzen Gesellschaft zu einer demokratischeren Existenz verhelfen. Sie zu verändern, bedarf es eines gesamtgesellschaftlichen Willens, der die kulturellen Fortschritte der Intifada aufgreift und weiterführt.

Es gibt eine Reihe von Möglichkeiten, Reformen in der palästinensischen Gesellschaft einzuleiten, etwa von den bestehenden Gesetzen ausgehend: Die Muslime fühlen sich an die „scharia" gebunden, doch fragen sich viele, inwiefern sich die Gesetze der „scharia" mit den sich verändernden ökonomischen, politischen und sozialen Bedingungen vereinbaren lassen. Eine Reinterpretation der „scharia" würde viel zur Reform und Anpassung der Gesetze an die neuen Gegebenheiten beitragen. Konservative Muslime werden sich diesen Reformen widersetzen, da sie eine Herausforderung an eine jahrhundertealte politische, ökonomische und soziale männliche Dominanz darstellen. Doch es gibt auch in der islamischen Welt immer mehr Frauen und Männer, die eine Gleichberechtigung der Geschlechter wünschen. Gleichzeitig wächst in den arabischen Ländern das Bedürfnis, gesellschaftliche Veränderungen und Reformen nicht auf „importierten weltlichen Gesetzen", sondern auf den Grundsätzen der „scharia" durchzuführen. Damit will man einerseits dem wachsenden Druck der Fundamentalisten etwas entgegenstellen und andererseits beweisen, daß die Rechte der Frauen mit den islamischen Gesetzen übereinstimmen und nicht fremde westliche Einflüsse bilden.

In den besetzten Gebieten könnte durch die Veränderung des jordanischen Gesetzes, das auf der Interpretation der „scharia" basiert, der Status quo verbessert werden. In anderen muslimischen Ländern haben die Kodizes Veränderungen auf verschiedenen Gebieten mit sich gebracht. So führten sie in den meisten arabisch-islamischen Ländern zur Einschränkung der Rechte des Mannes, eine Ehe einseitig annullieren zu können. Auch Teile des Erbrechts wurden in Somalia, Tunesien, Ägypten, dem Sudan und dem Irak zugunsten der Frau abgeändert.

Manche Staaten schränkten die Polygamie ein oder verboten sie.[35)] Tunesien fand eine islamische Rechtfertigung für dieses Verbot. Im Koran steht geschrieben, daß ein Ehemann alle seine Frauen gleich behandeln muß.[36)] Da es physisch unmöglich ist, verschiedene Individuen genau gleich zu behandeln, ist Polygamie undurchführbar. Obwohl dieses Gesetz schon 1956 herauskam, dauerte es acht Jahre, bevor es erstmals bei Gericht angewendet wurde. Das ist auf die konservative Einstellung mancher islamischer Richter zurückzuführen, die eine latente Abneigung gegen jegliche Veränderung haben. Die palästinensischen Führer könnten sich an Tunesien ein Beispiel nehmen, indem sie die Gesetze in den besetzten Gebieten dahingehend verändern und somit einen weiteren Schritt in Richtung Gleichberechtigung setzen.

Ägypten bietet ein weiteres interessantes Beispiel zur Abänderung und Verbesserung des Familiengesetzes. Das Familiengesetz wurde 1979 zur Zeit Anwar Sadats reformiert. Es gibt den Frauen mehr Rechte, zum Beispiel: höhere Unterhaltszahlungen nach der Scheidung; die Verpflichtung des Ehemannes, seiner geschiedenen Frau und den Kindern eine Unterkunft zur Verfügung zu stellen; es garantiert der Ehefrau das Recht zu arbeiten, ohne die Zustimmung des Mannes einholen zu müssen; es verlängert das Sorgerecht der Mutter für die Kinder und billigt der Ehefrau das Recht zur Scheidung zu, falls es trotz Vermittlung des Gerichts zu keiner Versöhnung kommt. Automatisch geschieden wird zudem im Fall, daß der Ehemann eine weitere Ehe eingeht. Diese Änderungen wurden 1985 vom Verfassungsgericht revidiert, vom Parlament jedoch in fast gleicher Form wieder herausgegeben – mit der kleinen Abweichung, daß die erste Ehefrau nicht automatisch das Scheidungsrecht bekommt, wenn ihr Mann eine weitere Ehe eingeht, sondern zuerst einen Gerichtsbeschluß abwarten muß, der bei der allgemein konservativen Natur der Richterschaft in der Regel eher zu ihrem Nachteil ausfallen wird.[37] Die Änderungen, die in Ägypten durchgeführt wurden, könnten auch von den Palästinensern übernommen werden, wobei sie bei der traditionell konservativen palästinensischen Bevölkerung höchstwahrscheinlich auf weniger Widerstand stoßen würden als bei den ägyptischen Fundamentalisten, da die ökonomischen und sozialen Verhältnisse der Palästinenser dafür einen besseren Boden bieten. So müssen die meisten palästinensischen Frauen schon aus ökonomischen Gründen außerhalb des

Hauses arbeiten, und die Polygamie an sich ist unter den Palästinensern weit weniger verbreitet als in Ägypten.[38] Das bedeutet natürlich nicht, daß die Männer auf ihr Recht zur Polygamie ohne weiteres verzichten werden.

Manche islamische Wissenschaftler, wie Abdullah an-Naim aus dem Sudan, bieten komplette Neuinterpretationen gewisser Aspekte der „scharia" an. So reinterpretiert an-Naim zum Beispiel „qawama" (siehe auch Seite 23), das sich im Koran auf zweierlei stützt, nämlich auf die körperliche Stärke beziehungsweise Überlegenheit des Mannes gegenüber der Frau und seine Sorge um ihren Lebensunterhalt. Doch körperliche Überlegenheit spielt heute, wo alles durch Gesetze und Institutionen geregelt wird, eine minimale Rolle. Außerdem arbeiten immer mehr Frauen außerhalb des Hauses und sorgen so selbst für ihren Lebensunterhalt. Da also beide historischen Komponenten für „qawama" nicht mehr anwendbar sind, kann der Begriff überarbeitet werden.[39]

Die palästinensischen Führer könnten solche und andere Erklärungen verwenden, um Reformen einzuleiten. Neuinterpretationen sind auch deswegen gerechtfertigt, weil schon öfter Teile der „scharia" modifiziert und dann allgemein akzeptiert wurden. So ist zum Beispiel die Sklaverei durch die „scharia" nicht verboten, doch niemand würde sie heutzutage bejahen.

Die palästinensischen Entscheidungsträger könnten auch auf die Methode des „igtihad" (siehe auch Seite 22), die selbständige Interpretation einer Rechtsfrage aufgrund von Quelleninterpretation, zurückgreifen. Diese Forderung zur Rückkehr zu einem neuen „igtihad" wurde schon früher von Vertretern des islamischen Modernismus – etwa dem indischen Rechtsgelehrten Saiyid Amir Ali und dem ägyptischen Theologen Muhammad Abduh (1848-1905) – gestellt. Der wieder eingeführte „igtihad" würde zur Anpassung der erstarrten Rechtsbestimmungen an die neuen Erkenntnisse und Lebensbedingungen beziehungsweise -verhältnisse führen. So wäre es möglich, den „igtihad" beispielsweise zur Erhöhung des Heiratsalters, das im Koran nicht konkret angegeben wird, heranzuziehen und dieses von 15 auf 18 Jahre zu erhöhen. Dies würde einerseits den Mädchen einen Schulabschluß und einen anschließenden Arbeitsplatz garantieren und andererseits zu späteren Geburten und reiferen Müttern führen.

So kann die Reinterpretation der „scharia" sehr wohl zur Verbesserung des Status der Frau führen, vorausgesetzt, die Gesellschaft ist dazu bereit. Natürlich wird jeder Schritt in Richtung Veränderung zu einer Reaktion seitens der Traditionalisten und Fundamentalisten führen. Diesen Bewegungen kann man am besten durch kodifizierte Interpretationen den Wind aus den Segeln nehmen, wie das Beispiel Tunesien zeigt.

Ein weiterer Schritt in Richtung demokratische Strukturen ist die allgemeine Akzeptanz international verbindlicher Menschenrechte. Erste Voraussetzung dafür bildet die Gründung eines selbständigen palästinensischen Staates, dessen Regierung solche internationalen Vereinbarungen unterzeichnen kann. Die Opposition dagegen in der Bevölkerung darf allerdings nicht unterschätzt werden. Sie kommt einerseits von Traditionalisten und Fundamentalisten, andererseits aber auch von kulturbewußten Denkern, die jene Menschenrechte als Ausdruck westlicher Kultur und daher für die Entwicklungsländer als ungeeignet begreifen.

Um diese Hürden zu überwinden, müßten die internationalen Menschenrechte als mit dem Islam vereinbar beziehungsweise als in Einklang mit ihm gezeigt werden. Dazu der Theologe Muhammad Abduh: „Unsere Religion faßt nichts in sich, was der modernen Zivilisation, über deren Nutzen alle fortgeschrittenen Völker einig sind, widerstrebe, es sei denn einige Fragen des Zinsengesetzes" (Zinsen sind im Islam verboten). Der Koran selbst fordert die Menschen auf, sich mit ihm zu befassen und darüber nachzudenken, welche Lehren er enthalten könnte. Dem Verstand des Menschen und seiner wachsenden Erkenntnis soll genug Spielraum gegeben werden, sodaß sein Herz offen bleiben kann und das Göttliche darin Platz hat. „Machen sie sich denn keine Gedanken über den Koran? Oder sind (gewisse) Herzen versiegelt (und gegen jede Einsicht versperrt)?"[40)]

Die wichtigsten Rechte, auf die man sich konzentrieren müßte,

und nicht jeder Mensch die Fähigkeit besitzt, allein, zum Teil isoliert und bekämpft vom Rest der Mitmenschen zu leben und zu arbeiten.

Da die Familie den Kern der Gesellschaft bildet, ist es vor allem in diesem Bereich wichtig, Veränderungen zu forcieren und zu unterstützen. Wie es eine palästinensische Frau so treffend formuliert: „Was haben wir von einem Mann, der seine Kolleginnen im Büro gleichberechtigt behandelt, zu Hause aber beide Beine von sich streckt und von seiner ebenfalls arbeitenden Frau bedient werden möchte und zusätzlich den Ton angibt. Nach dem Motto: ‚Hier ist meine letzte Domäne, die lasse ich mir sicher nicht nehmen.'"

Wenn der Druck von außen nachläßt und eine kluge, ausgewogene Politik die Wogen glättet, wird auch diese „letzte Domäne" zugunsten einer gleichberechtigten, demokratischen Gesellschaft fallen.

# Zehn Frauenportraits

Die nachstehenden Interviews zeichnen ein Bild der Wirklichkeit, wie sie palästinensische Frauen tagein tagaus erleben. Ich erhebe nicht den Anspruch, daß diese Interviews repräsentativ sind, doch glaube ich sehr wohl, daß sie ein großes Feld an Erfahrungen einschließen, die die palästinensische Frau betreffen und mit denen sie konfrontiert wird. Die Interviews sind persönliche Berichte von Frauen, die ihre gesellschaftlich und politisch bedingte Situation beschreiben und Menschen anderer Kulturen ihre Lebenseinstellungen und Philosophien, ihre Kindererziehung, ihren täglichen Lebenskampf und ihre Kultur im allgemeinen näher bringen.

Die Interviews waren nicht „standardisiert", sondern entstanden als Gespräche unter Frauen, wobei ich eher die Rolle einer aufrichtig interessierten Freundin einnahm, die mehr über ihre Gesprächspartnerin, ihr Leben und ihre persönlichen Erfahrungen kennenlernen wollte und auch kennenlernte. Zwischen mir und den Frauen entstand eine gefühlsmäßige Bindung, bedingt dadurch, daß ich selbst seit drei Jahren in diesem Land lebe und zum Teil mit den gleichen Problemen konfrontiert wurde.

Dadurch konnte ich das meiner Meinung nach wichtigste Element eines tieferen Gesprächs erreichen, nämlich das Vertrauen dieser Frauen.

## Aisha

*Aisha ist 30 Jahre alt, selbstbewußt und ehrgeizig. Sie hat zwei Töchter und einen Sohn, ist ausgebildete Diplomkrankenschwester und bereitet ihren Magister vor. Aisha ist um die Gleichberechtigung der Frau bemüht und versucht das auch in der Erziehung ihrer Kinder zu erfüllen. Sie ist eine offene, interessierte junge Frau, die ihr Leben in diesem Land und ihr Streben nach höherer Bildung als ihren Beitrag zur Entwicklung ihres Volkes versteht. Sie ist mit einem engagierten Arzt verheiratet und lebt in Ramallah, einer Stadt in der West Bank, wo sie eine Wohnung im Haus seiner Eltern haben.*

*Wann und wo bist du geboren?*
Ich wurde 1963 in der Altstadt von Jerusalem geboren, im Armenischen Viertel. Als ich ein Jahr alt wurde, zogen wir von dort weg.

*Warum seid ihr weggezogen? Gab es politische Gründe dafür?*
Nein, nein. Wir lebten in einem Mietshaus, und als mein Vater ein Haus am Ölberg baute, zogen wir dorthin.

*Wieviel Personen lebten in eurem Haushalt?*
Meine fünf Geschwister, ich, meine Eltern und meine Tante mütterlicherseits.

*Aisha, wie alt warst du, als du geheiratet hast?*
(Sie überlegt längere Zeit und lächelt etwas verschüchtert:) 25 Jahre.

*Ist das das übliche Heiratsalter?*
Nein, es ist ein wenig hoch. Weißt Du, in der Hinsicht hat sich seit der Intifada etwas geändert. Vorher war das Heiratsalter höher, es war für ein Mädchen normal und akzeptiert, mit 22 bis 25 zu heiraten. Nach der Intifada ist das Heiratsalter für beide Geschlechter gesunken. Jetzt heiraten die meisten spätestens mit 20.

*Hast du Druck von der Gesellschaft oder deiner Familie verspürt, weil du mit 20 noch nicht verheiratet warst?*
Nicht sehr, vielleicht ein wenig, weil ich gearbeitet habe und es nicht mein Hauptziel war zu heiraten. Ich hatte andere Dinge im Kopf und andere Prioritäten. Aber natürlich werden alle Mädchen in unserer Gesellschaft mit diesem Druck konfrontiert, speziell nach der Intifada. Ich persönlich habe aber diesen Druck nicht so gespürt, weil ich gearbeitet habe und mein Leben ausgefüllt war.

*Wieso ist das Heiratsalter während der Intifada gesunken?*
Es gibt mehrere Gründe. Ein Hauptgrund liegt darin, daß die Schulen gesperrt wurden. Die Jugendlichen hatten nichts zu tun, keine

Beschäftigung. Es stimmt, daß die meisten sich an der Intifada, am Aufstand beteiligten, nicht nur die Burschen, sondern auch ein Teil der Mädchen. Trotzdem war ein Großteil ihrer Zeit unausgefüllt. Es wurde zur Taktik der Eltern, ihre Söhne früh zu verheiraten, um sie von den Straßen in das Familienhaus zurückzulocken. Sie hofften, daß die frühe Heirat und die damit verbundene Verantwortung die Jugendlichen vom Aufstand ablenken und so vor Gefängnis oder Tod schützen könnten. Das wirkte sich natürlich auch auf die Mädchen aus, deren Alter im Verhältnis zum Alter des Bräutigams sank und die durch die Schließung der Schulen und das Abnehmen der gesellschaftlichen Aktivitäten ebenfalls unbeschäftigt waren. Also heirateten die Jungen mit 16, 17 Jahren und die Mädchen mit 15, 16. So jung heiratete vor der Intifada selten jemand.

*Vor der Intifada heiratete man nur am Land sehr jung?*

Ja. Auch arme Familien verheirateten die Kinder früher. Denn ein verheirateter Sohn war gezwungen, Verantwortung zu übernehmen, zu arbeiten – und so brachte er Geld in die Großfamilie.

*Das Bildungsniveau hat also während der Intifada abgenommen?*

Ja, sehr. Erstens, weil Schulen und Universitäten in den ersten vier Jahren fast kontinuierlich von den Besetzern, also der israelischen Regierung, geschlossen wurden und weil die Familien weniger Geld hatten. Kinder an die Universität zu schicken, kostet Geld, und zusätzlich bekamen die Absolventen, die während der Intifada ihr Studium beendet hatten, seltener Arbeitsangebote von den arabischen Unternehmen und Firmen. Man wußte, daß diese Studenten, wegen des wiederholten Schließens der arabischen Universitäten und des bestehenden Chaos, eine schlechtere Ausbildung besaßen als ihre Vorgänger vor dem Aufstand. Also bevorzugte man diese mehr. Das wieder entmutigte die Jugendlichen und ihre Eltern, eine gute Ausbildung anzustreben. Man wußte ja nicht, wie lange die Intifada andauern würde, und sah, daß eine Ausbildung derzeit kaum Arbeitsmöglichkeiten brachte. So sagte man sich: „Also verheirate ich meine Kinder lieber und lasse sie arbeiten."

*Sind die Schulen hier gebührenfrei?*

Nein, aber öffentliche Schulen sind natürlich billiger als private. Nur die Schulen der Agentur[42)] sind gebührenfrei.

*Welche Schulen meinst du mit den öffentlichen?*

Die Schulen der israelischen Regierung natürlich. Die gibt es, das können wir nicht leugnen. Es gibt sie in Jerusalem und in der West Bank.

*Diese Schulen wurden während der Intifada geschlossen?*

Ja, natürlich, aber nicht nur diese. Sie ließen alle Schulen schließen. Die Schulen der Agentur und auch die privaten Schulen wurden gesperrt, also alle, und das für lange Zeit. Doch langsam und unter internationalem Druck gab die Regierung ein wenig nach. Zuerst öffneten die privaten Schulen wieder ihre Tore. Auch die Agentur übte einen gewissen Druck aus und konnte ihre Schulen öffnen. Als letztes öffneten natürlich die öffentlichen Schulen. Das alles geschah schrittweise.

*Warum, glaubst du, wurden die Schulen geschlossen?*

Die meiste politische Aktivität der Intifada begann in den Schulen und vor allem an den Universitäten. Also schloß die Regierung die Universitäten. Denn jede Demonstration, jeder Aufstand begann auch vor der Intifada an den Universitäten.

*Du sprichst von der Agentur. Was ist sie und welche Aufgaben hat sie?*

Die Agentur ist Teil der UNRWA. In jedem Lager in der West Bank gibt es Schulen, die der Agentur gehören. Lehrer und Schüler sind palästinensische Flüchtlinge. Ich zum Beispiel bin kein Flüchtling, kann also weder dort unterrichten noch mein Kind dort zur Schule schicken.

*Wer wird als Flüchtling bezeichnet?*

Jeder, der nach 1948 sein Land verlassen und in einen anderen Teil des Landes flüchten mußte.

*Das sind die Palästinenser, die man als die „Araber des inneren Landes" bezeichnet?*

Ja, genau, aber nicht nur sie, sondern auch jene Palästinenser, die im jüdischen Viertel der Jerusalemer Altstadt lebten und es verlassen mußten. Auch sie gehören zu den Flüchtlingen und leben zum

Teil in Lagern. Die meisten Flüchtlinge kommen aus Lid, Ramla, Jaffa, Haifa und den umliegenden Dörfern.

*Aisha, was hast du studiert?*

Ich bin ausgebildete Krankenschwester und habe das am Medizinischen Kolleg in der West Bank studiert, das 1978 eröffnet wurde. Ich studierte dort von 1980 bis 1984.

*War es selbstverständlich, daß du nach dem Abitur weiterstudiert hast?*

Ja, es gab kein Problem. Doch ich wollte gerne im Ausland Medizin studieren, und das erlaubten meine Eltern nicht. Es war damals kein finanzielles Problem, sondern der bloße Gedanke, als Mädchen ins Ausland zu verreisen, war unakzeptabel.

*Nach deinem Studium fingst du zu arbeiten an?*

Ja, sofort danach.

*Und nach der Heirat hast du weiter gearbeitet?*

Schon aus finanziellen Gründen. Es gibt kaum eine Frau, die nicht arbeitet, wenn sie die Möglichkeit dazu hat.

*Wer entscheidet, wie du dein Gehalt ausgibst – du oder dein Mann?*

Wie soll ich es dir sagen: Als wir heirateten, hatten wir große Schulden. Er war finanziell nicht darauf vorbereitet, zu heiraten, also mußten wir uns das Geld für eine Wohnung und deren Ausstattung ausleihen. Wir machten das so, daß wir jeden Monat einen bestimmten Betrag zur Rückzahlung auf die Seite legten. Den Rest unseres gemeinsamen Einkommens legten wir zusammen und entschieden gemeinsam, wie wir es einteilten.

*Was, glaubst du, ist heutzutage das Hauptziel eines jungen palästinensischen Paares?*

Hier muß man zwischen zwei Gruppen unterscheiden: Ich, die aus Jerusalem stamme, also nie von meinem Land flüchten mußte, sehe, wie die meisten von uns, mein Hauptziel darin, ein Stück Land zu kaufen und ein Haus zu bauen. Das ist sozusagen der Beginn einer stabilen Existenz. Diejenigen, die ihr Land verlassen mußten, auch wenn es nicht sie selber waren, sondern ihre Eltern, denken anders. Sie besaßen einmal Land, und es wurde ihnen weggenommen – also kann ihnen das wieder passieren. Die Kinder dieser

Flüchtlinge legen ihr Geld in beweglichem Eigentum an, meistens in Gold. Als Beispiel kann ich dir von einer Freundin erzählen, die zur selben Zeit wie ich geheiratet hat und deren Eltern Flüchtlinge sind. Sie kaufte mit ihrem ganzen Brautgeld Schmuck, den sie im Notfall leicht mitnehmen kann. Ich aber benutzte mein Brautgeld als Anzahlung für ein Grundstück. Die meisten Kinder von Flüchtlingseltern denken so, andere aber genau das Gegenteil und meinen: „Nein, was wir verloren haben, möchten wir umso mehr zurückgewinnen." Sie konzentrieren sich auf den Landkauf und den Aufbau ihrer Zukunft.

*Und die Kinder? Wie denkst du darüber? Wieviel Kinder möchtest du?*
Ich denke, ich möchte weniger Kinder und dafür eine höhere Lebensqualität. Die meisten unserer Generation denken so – weniger Kinder, dafür ein höherer Standard. Es hat sich aber noch eine andere Tendenz entwickelt. Viele Jugendliche sind jetzt während der Intifada gestorben. Wenn jetzt jeder nur mehr zwei oder drei Kinder bekommt und die Intifada noch – sagen wir zehn Jahre – andauert und weiterhin so viele sterben oder auch auswandern, dann werden wir immer weniger. Nein, wir werden so viele Kinder bekommen, wie es nur geht, um weiterhin zu bestehen. Und unser Glaube sagt ja auch, daß jedes Kind mit seiner Geburt seine Versorgung mitbekommt und gesichert ist. Also gibt es diese beiden Seiten, wobei vielleicht die letztere immer stärker wird.

*Du lebst jetzt in einem Land namens Israel und nicht in Palästina. Wie fühlst du dich als Palästinenserin in Israel?*
Für mich persönlich ... also ... ich fühle und benehme mich so, als ob es immer noch Palästina wäre. Wenn zum Beispiel ein Ausländer fragt, woher ich bin, und ich Jerusalem sage, und er meint, also aus Israel, dann klingt es für mein Ohr eigenartig. Denn in meinem Inneren, wenn ich mit meinen Freunden, mit meinen Kindern rede, dann ist es immer Palästina. Israel ist noch immer ein Fremdwort, die israelische Fahne ist immer noch ein Fremdkörper für mich. All die Jahre haben sich die Menschen hier noch immer nicht an diesen Anblick gewöhnen lassen, an diese Fahne. Doch wenn ich die palä-

stinensische Fahne an die Wände gezeichnet oder an den Elektrizitätskabeln hängen sehe, dann ist das ein vertrauter Anblick. Sie ist für mich der gelbe Himmel – die Hoffnung – und zugleich die rote Erde – das Leben, der Kampf. Ich bin an diese Farben gewöhnt, sie sind mir so vertraut. Auch die Graffiti an den Wänden: Es lebe Palästina! Palästina ist frei! Das ist das, was ich gewohnt bin, was mir vertraut ist – meiner Seele, meinen Ohren und meinem Auge.

*Wie erziehst du deine Kinder?*

Ich möchte meine Kinder nicht dahingehend erziehen, daß sie die Israelis hassen. Der Alltag genügt ... Meine Tochter sieht täglich Szenen, die geschehen, und sie stellt mir Fragen. Auch wenn ich noch so objektiv antworte, wird ihr doch ein negativer Eindruck vermittelt.

*Hat dir deine Mutter erzählt, wie das Leben früher in Palästina war?*

Ja, natürlich, alle erzählen. Meine Mutter verbrachte ihre Kindheit und Jugend im jüdischen Viertel der Jerusalemer Altstadt. Sie blieb dort, bis sie heiratete. Sie erzählt, daß, obwohl es das sogenannte jüdische Viertel war, die meisten Einwohner Araber und nur ein kleiner Prozentsatz Juden waren. Sie erzählt, daß das Leben sehr einfach und bescheiden war und daß überall Sicherheit herrschte. Die kleinen Kinder blieben bis spätabends auf den Straßen, niemand hatte Angst. Jetzt ist es ganz anders. Sobald es dunkel wird, verlassen sogar die Erwachsenen die Straßen.

*Erzähle uns über die Sitten und Bräuche der Palästinenser. Hast du das Gefühl, daß sie am Verschwinden sind?*

Sie sind nicht verschwunden, aber natürlich hat sich viel verändert. Am Land und in den Städten der West Bank pflegt man die Tradition und hält sich an sie, viel mehr als in Jerusalem. Die Palästinenser in Jerusalem haben auch mehr Kontakt zu Israelis und sind dadurch natürlich beeinflußt worden – in ihrer Sprache, in ihrer Denkweise. Das ist normal. Dieser Prozeß ist in Jerusalem am stärksten zu bemerken, während in den Dörfern noch Traditionen bestehen, die wir längst vergessen haben. Unsere ganze Gesellschaft ist in Veränderung begriffen. Viele Männer reisen jetzt ins Ausland und verbringen eine lange Zeit dort. Wenn sie dann zurückkommen, bringen sie neue Ideen und Ansichten mit. Natürlich hat die Besetzung unseres Landes dabei eine Rolle gespielt. Denn wenn es Arbeits- und Ausbildungsmöglichkeiten in unserem Land gegeben hätte, wären nicht so viele Menschen ausgewandert und verreist. Was unsere Feste betrifft, so haben sie sehr abgenommen, weil den Leuten einfach nicht zum Feiern zumute ist, wenn so viele Menschen sterben und eingesperrt werden.

*Wie hat sich die Situation der Frau durch die Intifada verändert?*
Ich glaube, daß sich ihre Position durch die Intifada gebessert hat. Erstens begann der Mann durch die Intifada, sich am Aufstand auf verschiedenste Art und Weise zu beteiligen. Zweitens sanken seine Arbeitsmöglichkeiten und dadurch sein Einkommen. Hier setzte die Frau ein, ihre Verantwortung für die Familienernährung wuchs. In jedem Bezirk bildeten sich Frauengruppen und Komitees. Sie bebauten brachliegendes Land, züchteten Hühner ... Dadurch wurden die Position der Frau und ihre Entscheidungskraft in Familie und Gesellschaft gestärkt. Viele Frauen beteiligten sich auch direkt am Aufstand, wurden getötet oder gefangengenommen. Das führte zu einer eigenartigen Form von Gleichberechtigung. Der Mann konnte der Frau nicht sagen: „Du darfst am Aufstand nicht teilnehmen." Denn von diesem war er überzeugt. Die Intifada hat der Frau und ihrer Entwicklung am meisten gedient. Auch auf dem Bildungssektor halfen die Frauen weiter. Sie begannen, alte, analphabetische Frauen in den Häusern zu unterrichten. Sie unterrichteten die Kinder daheim und bildeten private Lerngruppen. Diese Aufgabe konnten nur Frauen übernehmen, da es für einen Mann in unserer Gesellschaft schwierig ist, in fremde Familienhäuser Eintritt zu erlangen. Somit konnte die Bildung in den Häusern nur durch die Frauen weitergeführt werden. Auch palästinensische Tracht und Stickerei erlebten durch die Intifada eine Renaissance. Die Frau begann, diese Tradition zu pflegen. Einerseits, um sie zu stärken, andererseits wurde sie zu einer neuen Einkommensquelle, durch die sie ihre Familie zu ernähren begann. Es entstanden Ausstellungen, die die palästinensische Kultur zeigten. Die Intifada trug also dazu

bei, das Bewußtsein der Menschen ihrer Kultur gegenüber zu stärken.

*Wie stellst du dir die Zukunft für dich und deine Kinder vor?*

Ich wünsche mir für meine Kinder eine Kindheit, wie der Rest der Kinder auf dieser Welt sie hat, denn in Wahrheit erleben unsere Kinder keine Kindheit. Sobald sie anfangen, sich zu bewegen, zu reden, werden sie wie Erwachsene. Sie durchleben keine Kindheitsphase. Kinder sind sie nur durch ihren Körper, aber nicht psychisch. Denn sie werden sofort mit Kampf konfrontiert, mit jeder Art von Kampf – Überlebenskampf, Verteidigung, Aufstand ... Ich wünsche mir, daß ihnen die Möglichkeit gegeben wird, sich ihre Wünsche zu erfüllen, daß es Chancen für sie gibt, sich natürlich zu entwickeln. Denn jetzt gibt es nichts für sie. Und für mich, für alle Palästinenser wünsche ich Sicherheit und Zuversicht und Freiheit.

*Spürst du eine Verbindung zwischen den Palästinensern, die hier leben, und den Palästinensern außerhalb des Landes?*

Nicht sehr. Mit den Mitgliedern meiner Familie, die außerhalb des Landes leben, fühle ich mich auf alle Fälle verbunden. Das ist etwas anderes. Aber laß mich dir erzählen: Ich erlebte die Palästinenser außerhalb des Landes zum ersten Mal, als ich mit meinem Mann nach Italien flog. Diejenigen, die ich kennenlernte, und ich hoffe, es sind nicht alle so, fühlen sich kaum zugehörig zu uns. Sie fühlen sich anders als wir. Wenn du hier lebst und all die Schwierigkeiten auf dich nimmst, all die Schmerzen, all das Leid, dann glaubst du, daß die Palästinenser außerhalb des Landes das schätzen würden. Es ist natürlich unsere Aufgabe, hier auszuharren, es ist unsere Heimat. Aber du erwartest doch eine gewisse Solidarität von den Palästinensern außerhalb des Landes, eine gewisse Verbindung zwischen uns, doch wir spürten fast das Gegenteil. Ich hoffe nur, daß nicht alle Palästinenser im Ausland diese Einstellung teilen.

# Nawal

*Nawal ist eine runde, kleine Frau, die immense Vitalität und Kraft ausstrahlt. Sie lebt im Jalason-Lager in der West Bank, das die UNRWA 1949 für die palästinensischen Flüchtlinge gründete. Die Menschen, die in diesem Lager leben, sind 1948, nach der Proklamierung des israelischen Staates, in das Landesinnere, die sogenannte West Bank, geflüchtet. Nawal ist bei der UNRWA angestellt und eine bekannte wie auch beliebte Persönlichkeit im Lager. Sie ist ständig unterwegs, besucht die Leute in ihren Häusern, kümmert sich um ihr Wohlbefinden und ist die Sammelstelle für alle Neuigkeiten des Lagers. Nawal ist jetzt 41 Jahre alt und hat sich entschlossen, ledig zu bleiben. Sie ist die Älteste von sechs Geschwistern und hat ihnen ermöglicht, eine Ausbildung zu genießen und sogar zu heiraten, da sie für die Kosten aufgekommen ist. Sie ist eine stolze Frau, die ihren Kopf immer aufrecht trägt und mit dem Boden so verwurzelt ist wie die Olivenbäume in diesem Land. Sie lebt mit ihrer Mutter in einem bescheidenen Haus, das ständig voller Gäste ist.*

*Wie kam es zu den Lagern in der West Bank?*
1948 wurden die Leute durch die Juden von ihrem Land vertrieben. Als sie hierherkamen, in die West Bank, lebten sie die ersten ein bis zwei Jahre in den umliegenden Dörfern. Jeder, der Platz hatte, vermietete Zimmer, und jene, die mittellos waren, lebten in den Olivenhainen. Meine Eltern lebten in den Olivenhainen unter den Bäumen. Dann kam das Rote Kreuz, zwei Jahre lang kümmerten sie sich um die Flüchtlinge. Sie brachten ihnen Holz, sie brachten Mehl, solche Sachen also. Und dann kam die UNRWA. Sie entschieden, die Leute zusammenzubringen und sie in ein Lager zu geben. Sie sammelten die Leute von den Dörfern ein und brachten sie in Lager – zum Beispiel das Lager Jalason in der West Bank, die Lager Amaari, Balata, Kalandia. Es gibt viele Lager in der West Bank. Sie brachten den Leuten Zelte. Jede Familie bekam ein Zelt oder zwei, je nach Größe der Familie. Sie gaben ihnen diese Zelte, und sie lebten in ihnen. Ich lebte fünf Jahre in einem solchen Zelt. Ich kann mich gut daran erinnern. Es war ein bitteres Leben, vor allem im Winter, wenn es regnete und schneite. Manchmal flogen die Zelte

davon, etwa im Winter 1956, und die UNRWA sammelte die Leute in Lastwagen ein und brachte sie in die Moschee der nächsten Stadt. Dort blieben wir zwei Wochen, bis der Schnee vorbei war, und kehrten dann wieder zurück. Nach den Zelten – 1957, ich kann mich gut erinnern – baute die UNRWA Wohneinheiten. Für zehn Personen ein Zimmer vier mal vier Meter, für fünf Personen ein Zimmer drei mal drei Meter. Stell dir das vor! Für die Leute war es wie ein Palast. Bis heute gibt es Leute, die in solchen Wohneinheiten leben. Also die, die es sich nicht leisten konnten, ein zusätzliches Zimmer dazuzubauen, wohnen noch in ihnen. Sie blieben so, wie sie waren. Die Leute begannen langsam, zu arbeiten und ein zusätzliches Zimmer dazuzubauen; aus Blech, nicht aus Steinen.

Das Leben in den Lagern ist hart und sorgenreich. Die UNRWA gab den Menschen Grundnahrungsmittel und kümmerte sich um sie. Sie baute eine Klinik. Denn es gab in den fünfziger Jahren schlimme Krankheiten im Lager, wegen der Kälte, ansteckende Krankheiten, Malaria, Typhus, Pocken. Sogar die Krätze. Ich kann mich erinnern, einmal haben alle Leute die Krätze bekommen.

Du weißt, wir leben alle im Lager, und jeder hat Kontakt zu den anderen. Du siehst sie in der Nacht herauskommen, und alle sitzen um das Feuer. Das schöne daran ist, daß es die Leute zusammen und näher brachte, sie liebten und halfen einander gegenseitig in dieser schwierigen Situation.

Wir sind jetzt seit 40 Jahren im Lager Jalason. Wir sind eine Einheit geworden, obwohl jeder von uns anderswo herkommt. Wir sind wie ein Dorf geworden, weil unsere Situation gleich ist und wir all diese Zeiten und Schwierigkeiten zusammen erlebt haben. Wenn es jemand besonders schwer hat, dann helfen die anderen, denn sie wissen, daß das nächste Mal vielleicht sie selbst dran sind und Hilfe brauchen; daß jemand in ihrer Familie stirbt oder es ihnen finanziell schlecht geht. Sie helfen einander gegenseitig und kümmern sich um die anderen.

*Ich sehe eine hohe Mauer um das Lager.*

Ja, diese Mauer wurde vom israelischen Militär aufgestellt.

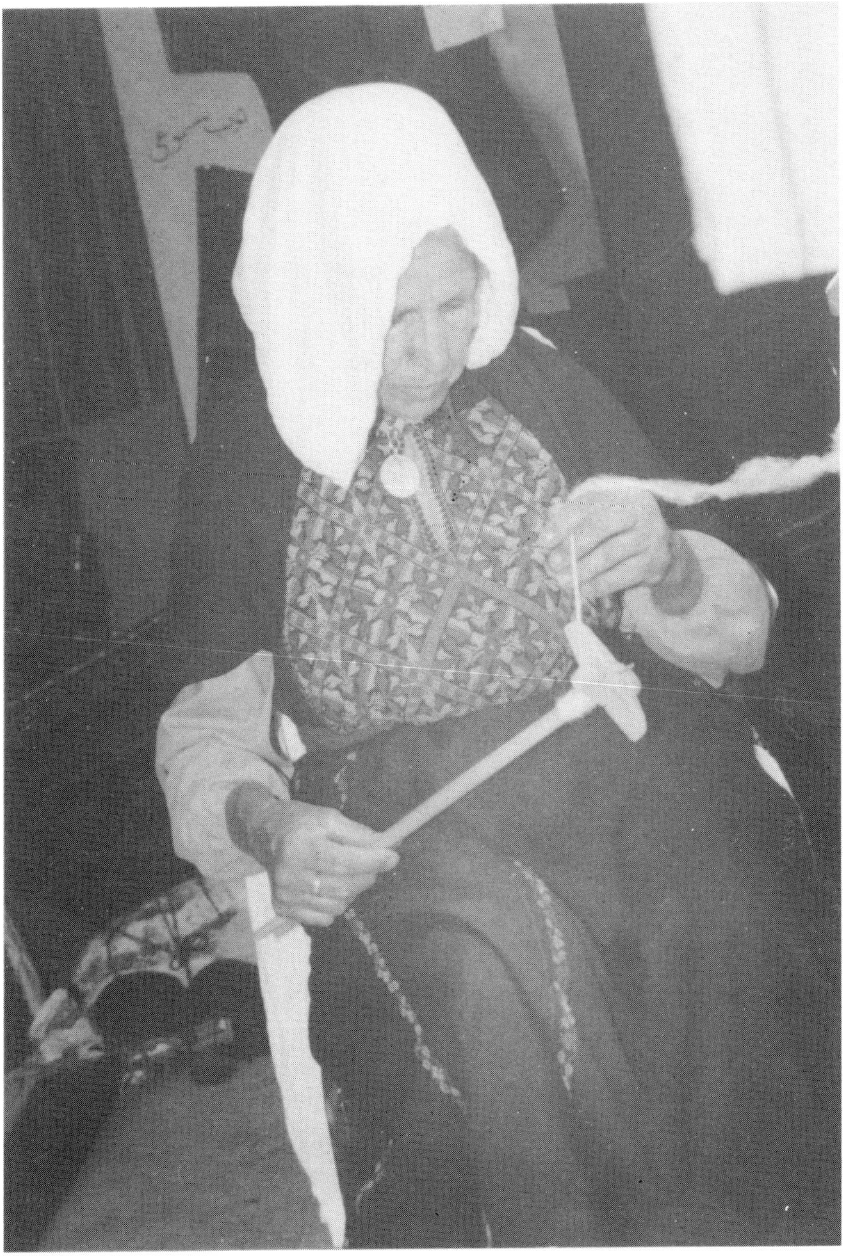

*Eine alte Palästinenserin spinnt Wolle auf der Handspindel.*

*Palästinenserin beim Zubereiten des traditionellen Fladenbrotes*

*Immer mehr Land wurde während der Intifada vor allem von Frauen bebaut.*

*Traditionellerweise balancieren die Palästinenserinnen ihre Ware auf dem Kopf und behalten so die Hände frei.*

*Eine alte Bäuerin wartet geduldig auf einen Käufer für ihre Weintrauben.*

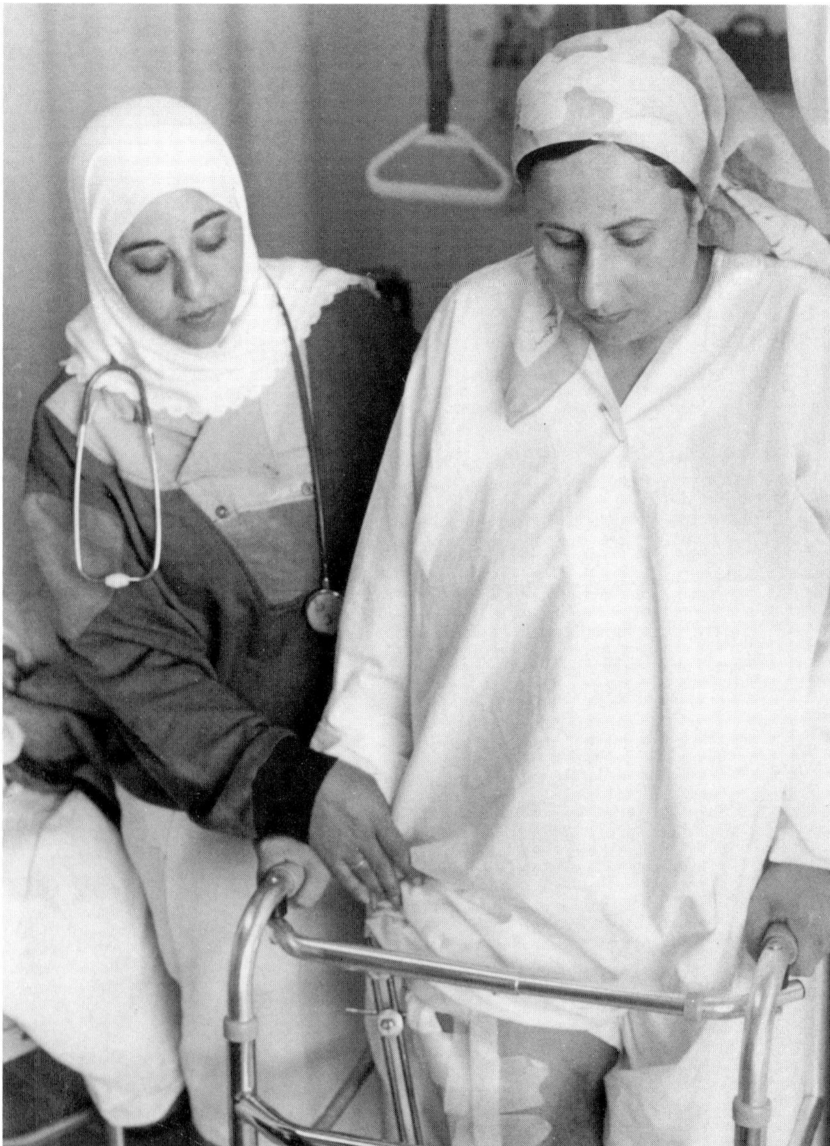

*In der West Bank entstehen immer mehr Rehabilitationszentren für die in der Intifada verwundeten PalästinenserInnen. Unter den Betreuten gibt es immer mehr Frauen.*

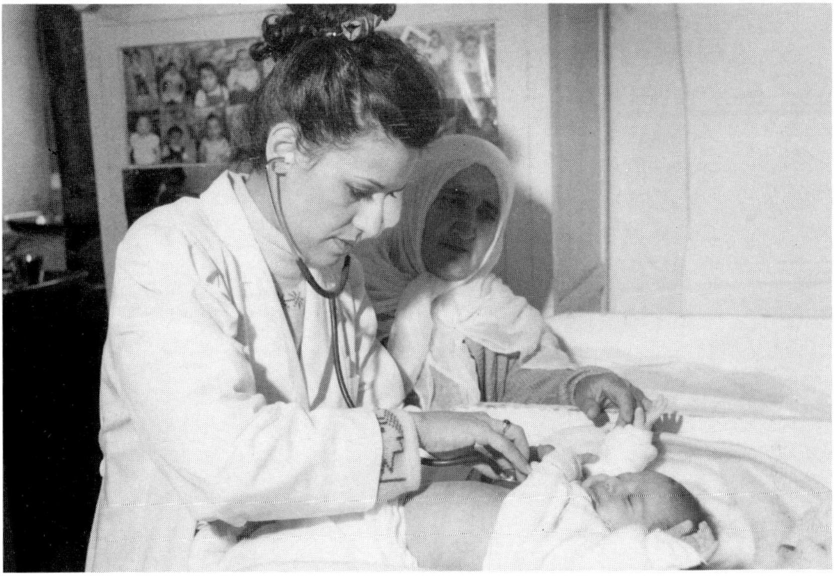

*Immer mehr Gesundheitszentren, in denen sich Ärztinnen engagieren, spezialisieren sich auf die Mutter-Kind-Versorgung.*

*Eine der Schulen, die von der UNRWA geleitet und unterstützt werden. Das Bildungswesen liegt großteils in den Händen der Frauen.*

*Eines der Zentren, die von der UNRWA zur Ausbildung von LehrerInnen den Palästinensern in der West Bank zur Verfügung gestellt wurden.*

*Junge Palästinenserinnen bei der Universitätsabschlußfeier*

*Vor ihrem zerstörten Haus hebt eine Palästinenserin verzweifelt die Hände gen Himmel.*

*Palästinenserin vor einem Stacheldrahtzaun, wie er jedes Lager in der West Bank umgibt*

*Palästinensische Mütter demonstrieren gegen die Verhaftung und Folterung ihrer Kinder.*

*Eine palästinensische Mutter in Gaza – umrahmt von der palästinensischen Fahne – richtet das Wort an die Jugend.*

*Wann wurde diese Mauer gebaut?*
Sie besteht seit ungefähr fünf Jahren. Weißt du, um ehrlich zu sein, wir spüren Haß gegenüber den Israelis. Sie haben uns besetzt, sie haben uns unser Land weggenommen, und wir leben unter sehr schwierigen Umständen. Jemand, der nicht so lebt wie wir, jemand, der gut lebt, in einer Stadt lebt, erinnert sich nicht so sehr wie jemand, der so wie wir lebt, so hart. Das Wasser fließt überall herein, die Betten werden naß; jemand, der so lebt, sagt: „Das beste ist, ich bekämpfe die Israelis, die in meinem Land sind. So, wie sie mir meine Ruhe gestohlen haben, werde ich ihre Ruhe stören." Er geht hinaus und wirft mit Steinen. Die Kinder der Lager gehen hinaus und werfen Steine – also haben sie diese Mauer gebaut. Sie bauten eine Mauer und legten Stacheldraht um das Lager, vier Meter breit, sodaß wir keine Steine werfen können. Aber die Mauer macht uns keine Sorgen.

*Kann man das Lager betreten und verlassen, wie man will?*
Ja, nur bei Ausgangssperre ist es verboten. Aber wir müssen immer unsere Identitätskarte herzeigen, wenn wir hinaus wollen. Doch wenn sie jemanden suchen, sperren sie das Lager ab und überfliegen es mit Hubschraubern. Dann kommt die Armee und stürzt in die Häuser, zwanzig, dreißig Soldaten in jedes Haus, und sie holen die Burschen, manchmal über hundert auf einmal. Ich kann mich erinnern – einmal nahmen sie 450 Burschen mit. 450, stell dir das vor! Vier meiner Brüder waren dabei. Unser Haus war leer, alle wurden eingesperrt. Sie stören uns sehr, uns in den Lagern. Sie kommen und reizen und stören uns, nicht wir gehen zu ihnen. Kommt die Patrouille und stellt sich vor die Schule, dann reizen sie uns. Wir sind da, wollen sie damit sagen, und wenn ein Junge Steine auf sie wirft, beginnt das Chaos. Dann beginnen sie zu schießen.

*Wie kam es zur Intifada?*
Die Intifada kam plötzlich, sie war nicht geplant. Unser Volk ist nicht seit einem oder zwei Jahren unterdrückt, nein, seit vierzig Jahren. Seit vierzig Jahren lebt dieses Volk in Unterdrückung, in Pein, in Beleidigungen, und plötzlich explodierte es. Durch den

ständigen Druck explodierte es. Die Intifada begann, als acht Personen von einem israelischen Lastwagen überfahren wurden. Das konnten wir nicht hinnehmen. Es kam die Intifada, und jeder war bereit, einen Aufstand zu erleben. Jeder beteiligte sich. Ich finde es gut, daß es zur Intifada kam, denn unsere Situation ist immer schlimmer geworden. Das war unsere einzige Möglichkeit. Die Araber außerhalb des Landes haben uns nicht geholfen. Wir sind diejenigen, die leiden, und wir müssen etwas dagegen tun und uns verteidigen. Du siehst doch, wie sehr Vietnam gekämpft hat, und dann hat es seine Unabhängigkeit bekommen, und das gleiche gilt für Algerien: Sie kämpften, viele starben, und zuletzt bekam es seine Unabhängigkeit.

Wir müssen dasselbe tun. Ich bin nicht der Meinung, daß die Intifada aufhören soll, und ich bin nicht für Frieden auf Kosten unseres Landes. Wir lieben nicht den Kampf und die Feindlichkeit, nein, wir wollen in Frieden leben, aber nicht in einem Frieden, in dem ich mein Land, meine Heimat verliere. Jeder Mensch träumt von einem Land, in dem er leben kann. Wir leben jetzt nicht in unserem Land, wir leben im Land anderer Leute. Jeder hat sein Land – wenn ich in mein Land zurückgehen kann, dann bin ich für den Frieden; doch wenn ich mein Land verliere, dann werde ich kämpfen und alles tun, um meine Rechte zu bekommen, so wie andere ihre Rechte bekommen haben.

*Beteiligen sich die Frauen an der Intifada?*

Ja, natürlich, und ich habe bemerkt, daß die Frauen den größeren Teil der Intifada tragen. Wird der Mann gefangengenommen, so ist die Frau diejenige, die den Haushalt und die Ernährung der Familie übernimmt. Sie kümmert sich um den Haushalt, sie arbeitet, sie beteiligt sich am Aufstand und befreit ihren Mann von den meisten Verpflichtungen, sodaß er sich voll dem Kampf widmen kann. Die Mädchen machen mit und kämpfen Seite an Seite mit den Burschen.

*Das Bild der Frau hat sich also durch die Intifada geändert?*

Ja, natürlich. Schau, wir leben in einer traditionsgebundenen Gesellschaft. Wir wollen nicht, daß das Mädchen zu Hause bleibt und nur den Haushalt führt, aber zugleich spielt die Ehre, der Scharaf, eine große Rolle bei uns. Wir haben in unserer islamischen Geschichte viele Beispiele, daß Frauen sich am Kampf beteiligten. Es wird sogar von ihnen verlangt, am Kampf teilzunehmen. Wenn ich zum Beispiel weggehe, um mich am Aufstand zu beteiligen, dann fragen mich meine Eltern nicht: „Wohin gehst du?" Doch ich wiederum muß auf meine Freiheit und Ehre achtgeben und weise damit umgehen.

*Welche Möglichkeiten gibt es für die Frau, ihre Familie zu ernähren, wenn zum Beispiel ihr Mann eingesperrt wurde?*

Die Frau kann arbeiten. Wenn sie etwas gelernt hat, kann sie als Lehrerin arbeiten, als Schneiderin, als Stickerin. Manchmal baut sie in ihrem Garten Gemüse und Kräuter an und verkauft sie. Die alten Frauen, die nicht mehr außer Haus gehen können, werden von jungen Frauen, die sich zu kleinen Gruppen zusammengetan haben, mit Milch versorgt, aus der sie Joghurt oder Rahm machen. Das wird dann am Markt für sie verkauft. Sie machen Tomatensaft oder pflücken Weinblätter und legen sie in Salzwasser ein,[43)] sie machen Marmelade oder sie säubern und rösten grüne Weizenkörner,[44)] und wir verkaufen sie für sie. Natürlich verkaufen wir sie teurer, als wir eingekauft haben, und der Gewinn geht an diese Frauen. Es gibt Möglichkeiten für alle, alle können arbeiten. Es gibt Frauen, die pflücken Muluchiya.[45)] Du arbeitest zum Beispiel als Lehrerin und gehst außer Haus – du hast keine Zeit, Muluchiya zu pflücken. Also kommt eine Frau und pflückt – sagen wir 60 bis 90 Kilo – Muluchiya und bringt sie einer anderen zum Trocknen, gegen Bezahlung natürlich. So hat sie ein Einkommen und kann davon leben, obwohl sie zu Hause bleibt. Viele sticken, sie besticken Trachten und andere Dinge. Das ist eine gute, ehrenvolle Arbeit. Alle Frauen arbeiten, unter den jetzigen Umständen arbeitet jede Frau.

*Du hast nicht geheiratet, Nawal – bereitet dir das Komplikationen in der Gesellschaft?*

Nein, mir ist es kein Problem, ich habe keine Schwierigkeiten. Ich habe nicht geheiratet – nicht, weil ich niemanden gefunden habe, sondern weil ich nicht wollte. Ich bin von der Ehe nicht überzeugt. Ich möchte mein Leben leben. Ich ging zur Schule, und als ich mein Abitur machte, kam mein Vater sechs Jahre ins Gefängnis, von 1968 bis 1974. Meine Geschwister waren alle klein. Wer sollte sich um sie kümmern – ich natürlich. Ich kaufte eine Nähmaschine und begann zu nähen, dann kaufte ich eine Strickmaschine. Untertags nähte, abends strickte ich. Und dann wurde ich bei der UNRWA angestellt, weil mein Vater früher dort arbeitete. Neben dem Nähen und Stricken begann ich eine Ausbildung als Lehrerin, doch als ich die Stelle bei der UNRWA bekam, hörte ich damit auf. Also arbeitete ich, nähte und strickte und zog meine Geschwister auf. Nach sechs Jahren kam mein Vater zurück, starb aber bald danach an den Folgen der Gefangenschaft. Als er starb, gab es niemanden, der sich um meine Geschwister kümmerte, also sagte ich mir: „Meine Geschwister sind wichtiger, ich werde mich um sie kümmern."

Als mein Vater aus dem Gefängnis kam, war ich ein Jahr lang mit meinem Cousin väterlicherseits verlobt. Doch als mein Vater starb, kam es für mich nicht in Frage zu heiraten – ich wollte meine Geschwister aufziehen. Du weißt, man heiratet, um Kinder zu bekommen – ich hatte sie schon fertig vor mir. Meine Brüder waren klug. Nach dem Schulabschluß lernten sie alle weiter, doch nun sind sie alle vier im Gefängnis. Ich kann mich doch nicht von ihnen distanzieren! Palästina gehört nicht ihnen allein, auch ich trage meinen Anteil bei. Ich opfere und helfe und kämpfe wie sie. Daß ich ihnen beistehe, ist in meinen Augen der größte Kampf. Das ist unser Leben. Was sollen wir tun? Wir müssen es leben.

*Bist du im Lager geboren worden?*

Nein, in einem Dorf namens Kober in der Nähe von Bir Zeit, zwei Jahre nach der Besetzung.

*Was waren deine Eltern vor der Besetzung?*

Meine Eltern waren wohlhabend und besaßen Land, Orangen- und Zitronenhaine. Als wir 1948 vertrieben wurden, kämpfte mein Vater mit anderen Männern zwanzig Tage lang weiter. Dann wurde er verwundet, versteckte sich, bis er geheilt war, und kam uns nach.

Der erste in unserer Familie, der an den Folgen der Besetzung starb, war mein Großvater. Als er hörte, wie die Pumpen für die Bewässerung der Haine aufhörten zu arbeiten, verzerrte sich sein Gesicht vor Schmerz: „Sie arbeiten nicht mehr, unsere Pumpen!" Später fand ihn meine Mutter tot auf. Dann starb mein Vater, und jetzt kämpfen meine Geschwister. Wir können unsere Heimat nicht vergessen. Du bist zum Beispiel aus Jerusalem, du lebst weiter in Jerusalem. Was hat sich für dich geändert? Meine Heimat, Kober, ist von der Landkarte verschwunden, als hätte es nie existiert. Natürlich änderte sich alles für mich. Jeder Mensch möchte in seiner Heimat, auf seinem Land leben, dem Land seiner Vorfahren, seines Großvaters und dessen Vaters.

*Die jungen Leute im Lager – wissen sie alle, woher sie kommen?*

Ja, natürlich. Unsere Kinder – sobald sie sprechen können, können sie sagen, woher sie stammen, aus welchem Ort. Sie wachsen nicht mit dem Gefühl auf, daß sie aus diesem Lager stammen, nein, sobald das Kind ein Jahr alt ist und zu sprechen beginnt, weiß es: „Ich bin aus Bet Nabala." „Wie heißt Du?" „Ich heiße Mustafa Omar Al-Nabala!"[46)] Die Kinder wachsen mit dem Wissen auf, daß sie eine Heimat haben. Sie leben in diesem Lager und wissen, daß wir die Israelis bekämpfen, weil sie unser Land genommen, weil sie unsere Leute getötet haben. Wir gingen 1948 weg und wurden verstreut, und alles, was uns widerfahren ist, erzählen wir natürlich unseren Kindern. Sie müssen das wissen.

*Es gibt Palästinenser, die als die „Araber des inneren Landes" bezeichnet werden. Wer sind sie und wo liegt der Unterschied zu euch?*

Das sind die Palästinenser, die 1948 nicht ihr Land verlassen haben, sondern geblieben sind. Wenn die Leute gewußt hätten, daß sich alles so entwickeln würde, wären sie nicht geflohen. Sie hatten Angst, daß die Juden sie umbringen würden, also flohen sie. Die Angst war nicht unberechtigt, denn sie töteten wirklich. Sie gingen vor wie die Nazis. Die Leute hatten Angst, vor allem um ihre Töchter, um die Ehre. Was bleibt mir auf dieser Welt, wenn meine Tochter vergewaltigt wird? Die meisten flohen, um ihre Frauen zu beschützen, um die Ehre zu bewahren. Die, die flohen, verloren alles, und die, die blieben, wohnen bis jetzt in ihren Häusern. Ihre Häuser sind ihnen geblieben, aber ihre Grundstücke wurden beschlagnahmt. Nicht viele sind geblieben, vielleicht ein Fünftel oder weniger. In den Dörfern ist niemand geblieben.

*Habt ihr eure alten Sitten und Gebräuche noch bewahrt?*

Ja, wir hängen sehr an ihnen, bewahren sie und wollen sie nicht verlieren. Die Palästinenser, die in den Städten leben oder anderswo, haben viele der alten Bräuche aufgegeben, weil sie meinen, sie wären nicht mehr zeitgemäß – aber wir bewahren sie. Zur Hochzeit etwa bereiteten wir Teig, den wir mit Blumen schmückten und am Morgen zum Haus des Bräutigams brachten. Diesen Brauch haben wir bis heute bewahrt, obwohl unsere Verwandten in Jordanien zum Beispiel diese Sitte als veraltet empfinden. Aber wir bewahren sie alle. Denn wenn wir unsere Sitten und Bräuche vergessen, vergessen wir uns selbst. Zur Hochzeit machen wir alles, was wir vor 1948 gemacht haben, bis heute. Wir haben die Verlobungsfeier, wir haben den Henna-Tag und wir haben noch den Brauch, alle Geschenke des Bräutigams auf große Tabletts zu geben und sie mit Musik und Gesang zur Braut zu bringen. Niemand macht das mehr, aber wir im Lager schon. Viele sagen, das Leben hat sich entwickelt – wir aber wollen unsere Bräuche behalten.

*Jeder im Lager stammt doch aus einer anderen Region. Behält jeder seine regionalen Bräuche bei?*

Ja, jeder bewahrt die Bräuche seiner Region, und wir respektieren sie alle. Die Leute aus Lid zum Beispiel schneiden dem Bräutigam vor der Hochzeit die Haare. Wir beteiligen uns an dieser Zeremonie, doch wenn einer von uns heiratet, tun wir etwas anderes, und sie machen mit.

*Heiratet ihr untereinander?*

Ja, wir heiraten untereinander, wir sind doch schon fast 46 Jahre zusammen. Die Burschen aus dem Lager lieben die Mädchen aus dem Lager. Wir heiraten auch Leute von außerhalb, aber seltener, da es für sie schwierig ist, die Bedingungen des Lagers zu ertragen.

# Haijar

*Haijar ist 52 Jahre alt und verwitwet. Wenn man ihr Haus betritt, umgeben einen leere Räume. Ein paar Matratzen auf dem Boden, auf denen die Frauen sitzen, ein paar Plastikstühle für die Gäste und ein kaputtes Bücherregal, sonst gähnende Leere. Haijar ist eine große, rothaarige Palästinenserin mit fast durchsichtig wirkender weißer Haut. Sie sitzt majestätisch. Sie wirkt schwer und erhaben, ihr Gesicht ist fein und von unbewegter Mimik. Nur die kleinen blauen Augen tasten die Umgebung unaufhörlich ab und zeigen ihre innere Unruhe. Haijar hat sechs Kinder und arbeitet als Putzfrau. Sie lebt mit ihren Töchtern und Schwiegertöchtern im Jalason-Lager in der West Bank.*

Sie holten meinen Sohn Ahmad, nach einem Monat seinen Bruder und am Tag darauf mich, aus der Schule, wo ich als Putzfrau arbeite. Sie beschuldigten mich, zwei Pistolen meines Sohnes versteckt zu halten. Jemand hatte das über mich ausgesagt. Meine drei Söhne und ich saßen im Gefängnis. Ich wurde verhört und sollte angeben, wo die Pistolen seien. Dann würden sie meine Söhne schonen und freisetzen. Ich aber sagte, ich wüßte von nichts. Ich kann doch nicht etwas erfinden, das nicht stimmt. Ahmad wurde vorgeführt. Man sagte ihm, ich würde freikommen, wenn er zugäbe, daß sein Bruder zwei Pistolen versteckt hätte. Ich riet ihm, nicht falsch auszusagen. „Ich bin nicht die erste, die gefangengenommen wird. Sorge dich nicht, mein Sohn, es ist keine Schande, ins Gefängnis zu kommen. Ich habe nichts Falsches getan."

Sie brachten uns dann alle drei in die Maskubiya.[47)] Dort blieb ich vier Tage in einer Dunkelzelle. Erst am vierten Tag führten sie mich in eine Zelle, in der auch andere Frauen saßen. Die Frauen waren gut zu mir, sie wuschen mich, gaben mir etwas zum Anziehen und wärmten mich auf. Ich war nervlich und seelisch ziemlich am Ende. Am nächsten Tag verhörten mich die Soldaten wiederum für zwei Stunden. Ich sagte ihnen erneut, daß ich keine Pistolen versteckt hätte. Sie könnten meine Söhne fragen. Daraufhin brachten sie meinen Sohn und schlugen ihn vor mir, damit ich aussagte. Aber ich hatte nichts zu sagen. Was sollte ich sagen?

„Wir werden ihn zu Tode schlagen", sagten sie.

Ich sagte: „Auch wenn er stirbt – ich habe nichts zu sagen."

Nach einer Woche führten sie meine drei Söhne und mich vor und berichteten lächelnd: „Wir haben euer Haus vollkommen durchsucht und zerstört!"

Ich sagte: „Alles ist vergänglich und alles kommt wieder. Wir haben schon einmal alles verloren. Wenn ihr das Haus zerstört habt, wird es wieder aufgebaut, wenn ihr alle Teller zerschlagen habt, machen wir die Blätter der Bäume zu Tellern und essen aus ihnen. Ich habe euch alles gesagt, was ich zu sagen habe."

*Wurdest du geschlagen?*

Nein, ich nicht, doch wenn meine Kinder vor mir geschlagen werden, ist das genauso schlimm. Meinen ältesten Sohn verhörten sie 20 Tage lang und brachten ihn für 70 Tage in die Dunkelzelle. Ich kam in ein anderes Gefängnis in Ramallah. Dort führten sie meinen zweiten Sohn vor, Muhammad, und meinten: „Sieh, wie dein Sohn leidet, möchtest du nicht endlich gestehen und ihn befreien?"

Ich sagte: „Mein Sohn ist nicht besser oder anders als all die anderen, die in den Gefängnissen sitzen. Ich habe nichts zu sagen."

Die Soldaten empörten sich, ich hätte kein Herz und handelte nicht wie eine Mutter gegen meine Kinder. Sie fragten mich über die Freunde meiner Söhne aus. Ich sollte doch etwas über sie aussagen und meine Söhne damit entlasten. Doch was sollte ich über ihre Freunde sagen – das sind doch auch Kinder von Müttern. Ich erwiderte: „Sie sind nicht meine Kinder, ich weiß nichts über sie. Ich verlasse das Haus um sechs Uhr in der Früh und komme um zwei Uhr nach Hause."

Sie sagten: „Du hast Botschaften und Informationen für deine Kinder verbreitet."

„Ich habe nichts dergleichen gemacht. Ich mische mich nicht in ihre Angelegenheiten und sie sich nicht in meine."

Da drohten sie: „Du wirst deinen ältesten Sohn nie wieder sehen. Wir werden ihn töten."

„Tötet ihn", sagte ich, „er ist nicht besser als die, die vor ihm getötet wurden. Mein Sohn hat weder sein Land noch seine Leute betrogen, ich mache mir keine Sorgen um ihn. Was immer er tut, tut er aus Überzeugung. Das ist unser Land, wir sind nicht von woanders hergekommen, wie ihr es seid."

Sie fingen an, mich zu beschimpfen, von der Gürtellinie abwärts. Dann brachten sie mich wieder ins Maskubiya-Gefängnis, und die Fragen begannen von vorne. Sie unterstellten, mein Sohn Muhammad sei der Leiter organisierter Aufstände und hätte große Mengen von Waffen bei uns zu Hause versteckt. Ich erwiderte: „All das, und ich hätte keine Ahnung davon?"

Sie brachten mich wieder für vier Tage in die Dunkelzelle. Die Dunkelzelle ist voller Scheiße, weil sie so klein ist, daß du nur auf der Stelle scheißen kannst. Sie ist vollkommen dunkel, und es ist nichts drinnen außer einem kleinen Holzbrett – du sitzt also mitten in der Scheiße, und es ist so kalt wie in einem Kühlschrank. Nach einer Weile holten sie mich und boten mir etwas zu trinken an, doch ich verweigerte es mit der Ausrede, ich würde fasten. Da brachten sie mir den jüngsten meiner Söhne, und er sagte: „Mutter, meine Geschwister haben alles über dich und mich zugegeben. Wenn wir irgend etwas im Haus haben, dann gestehe es."

„Verflucht sei dein Vater", sagte ich, „ich habe doch nichts zu gestehen. Und ich glaube nicht, daß deine Brüder etwas zugegeben haben. Die Soldaten belügen dich. Glaube nicht, daß du durch ein Geständnis die Freiheit erlangst. Wenn du etwas zugibst, werden sie mehr von dir verlangen und immer mehr."

Ich beschimpfte ihn, da führten sie ihn hinaus. Der Arme, er hat es nicht ausgehalten, sie haben seine Schwäche ausgenützt. Dann brachten sie meinen zweiten Sohn, Muhammad, er sah schlimm aus von den Schlägen.

„Wir haben deinen Sohn gebadet", sagten sie.

„Ihr habt Gutes getan", sagte ich, „doch was geht es mich an?" Da sagten sie: „Muhammad, geh und küsse die Füsse deiner Mutter, damit wir sie freilassen!"

Da sagte ich zu ihm: „Weißt du, mein Sohn, wenn du meine Füsse vor diesen Leuten küßt, hat mein Leben keinen Sinn mehr. Ich habe nichts zu sagen, mein Sohn!"

Der Arme war am Ende. Dann brachten sie meine zwei anderen Söhne. Wir waren jetzt zu viert. Da meinte einer meiner Söhne: „Ich bin bereit, mit Bulldozern unser ganzes Haus zu zerstören, wenn ihr auch nur ein Gewehr bei uns daheim findet."

Sie nahmen sie alle drei mit, und ich blieb zurück. Später brachten sie Bilder und fragten mich, wer die Leute darauf wären. Ich sagte: „Seit meiner Hochzeit habe ich mich nicht fotografieren lassen, und ich kenne diese Fotos nicht."

Da sagten sie: „Wir möchten dir helfen. Wir geben dir Geld, damit du deine Enkel und Schwiegertöchter ernähren kannst, und gleichzeitig hilfst du uns ein wenig, auch wenn du uns nur Informationen gibst über ein Spielzeug, das wie ein Gewehr aussieht."

Ich sagte: „Behaltet euer Geld, ich brauche es nicht. Dieses Geld ist für Leute, die andere bespitzeln wollen, ich aber brauche es nicht. Dieses Geld ist für solche Leute, die meine Söhne Mahmud, Muhammad, Ahmad und Musallim in Bedrängnis gebracht haben. Ich brauche es nicht. Ich habe mein Einkommen."

Da brachten sie mich wieder in die Dunkelzelle. Ich weiß nicht, wie lange ich diesmal dort blieb. Als sie mich holten, zitterte ich am ganzen Körper vor Kälte und Erschöpfung.

„Was sollen wir nur mit dir tun? Wirst du weiterhin so stur bleiben? Gefällt dir dein Zustand so sehr?"

„Ich will weder jemandem anderen unrecht tun noch mir selber. Wie soll ich etwas zugeben, das nicht stimmt. Ich habe keine Pistolen. Soll ich sie erfinden?" erwiderte ich. Sie brachten mich in eine Zelle. Ich war voller Scheiße und sah furchtbar aus. Die Mädchen in der Zelle wuschen mich und wärmten mich auf und erbettelten eine Tasse Tee für mich. Vier Tage lang konnte ich mich nicht bewegen. Meine Söhne wurden verurteilt; einer bekam 10 Jahre und sechs Monate, einer sechs Jahre, einer zwei Jahre und sechs Monate und einer zwei Jahre.

*Wie groß ist eine Zelle?*

Ungefähr drei mal drei Meter. Es gibt vier Stockbetten pro Zelle, ein Klo und eine Dusche. Jeden zweiten Tag darf man für eine Viertelstunde in den Hof.

*Werden Frauen im Gefängnis auch geschlagen oder gefoltert?*
Während des Verhörs schon, natürlich. Es wird kein Unterschied gemacht zwischen Frauen und Männern. Doch ältere Frauen in den Fünfzigern oder Sechzigern werden nicht geschlagen. Also, ich wurde nicht geschlagen, vielleicht, weil ich wegen meiner Söhne eingesperrt wurde und nicht wegen einer eigenen Tat. Jüngeren gegenüber zeigen sie kein Erbarmen – eine Frau, ein Mann, ein Kind, alle werden gleich behandelt.

Nach 18 Tagen wurde ich entlassen. Mein ältester Sohn hatte alles auf sich genommen, also konnten sie mich nicht länger behalten. Ich habe nichts ausgesagt, und mein Sohn hat alles auf sich genommen. Sie kamen in unser Haus und stellten alles auf den Kopf. Mehrere Male kamen sie, und immer wieder brachten sie alles durcheinander.

Als ich entlassen wurde und vor dem Gefängnis stand, war ich nervlich so am Ende, daß ich nicht weiter wußte. Da kam ein Taxifahrer vorbei, hielt an und fragte mich, ob ich Hilfe bräuchte. Ich sagte ihm, daß ich mich nicht auskennen würde und nach Hause wollte. Er meinte, ich sollte mir keine Sorgen machen, er würde mich bis zur Haustüre bringen. Das tat er auch.

Am nächsten Tag kamen die Soldaten mit meinem Sohn Muhammad, und sie durchsuchten noch einmal das ganze Haus. Sie zerstörten alles, was noch nicht kaputt war. Sie zerrissen die Bücher, schütteten alle Lebensmittel übereinander, sodaß wir nichts mehr verwenden konnten, sie zerschlugen die Möbel. In den letzten Monaten wurde das Haus, glaube ich, hundert Mal durchsucht. Ich verbringe jetzt meine Zeit damit, den einen Tag zur Arbeit zu gehen, den anderen zu meinen Söhnen ins Gefängnis.

*Wovon lebt ihr jetzt, wo doch alle eure Männer im Gefängnis sind?*
Ich arbeite, meine Tochter arbeitet, und wir bekommen Lebensmittel von der UNRWA. Das Haus ist praktisch leer, wir haben kaum noch Möbel oder Geschirr. Ich lebe mit meiner Tochter und meinen zwei Schwiegertöchtern. Ich und meine Tochter arbeiten.

*Also sind es die Frauen, die alle Last tragen und sich um alles kümmern.*

Ja, die Frauen tragen alle Last. Seit meinem dreizehnten Lebensjahr, seit meiner Heirat habe ich keinen guten Tag in meinem Leben erlebt. Als mein Mann starb, zog ich meine Kinder alleine auf, und jetzt ziehe ich die Kinder meiner Kinder auf.

*Was sagst du zu den Friedensbemühungen?*
Jeder Mensch liebt den Frieden, doch er muß gerecht sein, für alle. Ich aber sehe derzeit keine Gerechtigkeit, und deswegen bin ich dagegen.

## Yusra

*Yusra ist 25 Jahre alt, verheiratet und hat zwei Kinder. Sie ist eine zierliche, schüchterne Frau mit großen Augen. Als ich sie zum ersten Mal besuchte, war sie gerade emsig dabei, ihre kleine, bescheidene Wohnung zu putzen. Wir setzten uns in ein Wohnzimmer, das kaum größer war als sechs Quadratmeter. Mit ihrem warmen Lächeln erfüllte sie den Raum. Wir begannen zu reden.*

*Arbeitest du?*
Derzeit nicht. Ich habe vorher bei der UNRWA gearbeitet.

*Du hast also vor der Ehe gearbeitet?*
Nein, ich studierte vor und zu Beginn meiner Ehe und mußte dann aufhören, als mein Mann ins Gefängnis kam. Es gab keine Möglichkeit mehr, mein Studium zu beenden, also begann ich zu arbeiten.

*Erzähle ein wenig über dich!*
Ich bin im Amaari-Lager aufgewachsen. Ich habe drei Brüder und eine Schwester. Mein ältester Bruder studierte im Ausland. Unsere ganze Kindheit hindurch hieß es immer: Wir müssen für seine Studienkosten sparen. Als mein Bruder ins Ausland ging, waren wir noch kleine Kinder. Er kam erst nach 13 Jahren wieder zurück. Mein zweiter Bruder eröffnete gemeinsam mit anderen eine Werkstatt für Brillenfassungen. Vor der Intifada konnte er seine Produkte auch nach Jaffa und Haifa und in andere Städte verkaufen, doch dann wurde es Palästinensern verboten, außerhalb der West Bank Geschäfte zu betreiben. Der Verkauf stand bald in keiner Relation

mehr zur Höhe der Steuern, und sie mußten den Laden zusperren. Mein Bruder ist Ingenieur, doch als solcher hat er keine Arbeit bekommen. Mein dritter Bruder wurde im vierten Jahr der Intifada durch einen Schuß an der Hüfte verletzt. Als man ihm hier nicht mehr helfen konnte, schickten wir ihn zu meinem ältesten Bruder in die USA, damit ihm dort geholfen würde. Meine Schwester lebt verheiratet hier im Lager.

*Wo hast du deinen Mann kennengelernt?*

Auf der Universität.

*Also haben nicht deine Eltern dir einen Mann ausgewählt?*

Nein, wir haben uns kennengelernt und verliebt. Es stimmt, daß bis heute viele der jungen Leute eine arrangierte Ehe eingehen, aber meine Eltern und wir Kinder hatten immer ein sehr gutes und offenes Verhältnis. Sie haben uns immer darin unterstützt, uns unsere eigene Meinung zu bilden.

*Hat sich die Rolle der Frau durch die Intifada verändert?*

Die alten Sitten und Bräuche sind nicht verschwunden, aber die Frauen begannen, außer Haus zu gehen. Es fing damit an, daß man sich bei Kondolenzbesuchen, Festnahme eines Familienmitglieds, Deportationen und ähnlichen Gelegenheiten besuchte und versammelte. Die älteren Frauen animierten die jungen, mit ihnen zu gehen. Die allgemeine Solidarität erforderte das. Vor der Intifada lebten die Leute mehr für sich und waren nicht so stark miteinander verbunden wie seither. Die Mädchen fingen an, auf die Straßen zu gehen, sich an Demonstrationen zu beteiligen. Sie waren zum Teil mutiger als die Burschen, und sie wurden genauso festgenommen und angeschossen wie diese. Daß ein Mädchen festgenommen wird, war vor der Intifada ganz selten und fast unvorstellbar. Doch seit die Armee in fast jedes Haus eingedrungen ist, also in die Privatsphäre eines jeden und einer jeden, wurde die Frau genauso betroffen wie der Mann. Die Leute, natürlich nicht alle, freundeten sich mit dem Gedanken an, daß die Frau hinausgeht und sich aktiv an der Intifada beteiligt.

*Wie steht es mit der Ausbildung der Mädchen?*

Man war immer daran interessiert, Mädchen wie Burschen Ausbildungsmöglichkeiten zu bieten. Zu Beginn der Intifada waren die Leute jedoch sehr verunsichert, niemand wußte, wie es weiter gehen und was die Zukunft bringen würde. Also wurde versucht, die Töchter so schnell wie möglich zu verheiraten, um ihre Zukunft zu sichern. Jetzt, da man sich sozusagen an diesen Zustand gewöhnt hat, ist alles wie vorher.

*Dadurch, daß die Palästinenser kein Land haben, keine eigene Heimat, konzentrieren sie sich mehr auf die Familie. Ist der Zusammenhalt in der Familie dadurch größer?*

Kinder spielen bei den Palästinensern eine große Rolle. Sie möchten so viele Kinder wie möglich bekommen, auch wenn sie es sich finanziell nicht leisten können. Mit zwei oder drei Kindern sind sie nicht zufrieden. Oft bekommen sie so viele Kinder, bis sich die Frau nicht mehr bewegen kann. Viele Leute denken so. Doch die gebildete Schicht denkt anders. Für sie ist es besser, ein oder zwei Kinder in die Welt zu setzen und denen dann einen gewissen Standard zu bieten. Für diejenigen, die Kinder am laufenden Band machen, lautet die Devise: „Laßt uns viele sein, vielleicht können wir dadurch unser Land zurückgewinnen." Doch das stimmt nicht. Schau, wie viele Araber es gibt, doch das nützt gar nichts. Vor allem in den Lagern wollen die Menschen viele Kinder, jedenfalls mehr als in den Städten.

*Wieviel Kinder möchtest du?*

Nicht mehr als vier.

*Und dein Mann ist damit einverstanden?*

Ja, wir möchten beide nicht mehr. Derzeit haben wir zwei Kinder, und wir werden abwarten, wie sich alles weiter entwickelt. Für die Zukunft planen wir vielleicht noch ein drittes oder viertes.

*Wäre es nicht eine finanzielle Unterstützung für euch, würdest du ebenfalls arbeiten?*

Ja, natürlich. Ich möchte arbeiten, aber es ist nicht einfach, einen Halbtagsjob zu finden. Mein Sohn geht bis um zwei Uhr in den Kindergarten, und jede Arbeit dauert bis vier Uhr. Was soll er in diesen zwei Stunden tun? Als ich noch bei der UNRWA arbeitete, war es einfach. Um zwei Uhr holte ich meine Kinder ab. Doch derzeit gibt es dort keine Jobs. Dazu kommt, daß die Gehälter nicht sehr hoch sind. Ich brauche Geld für die öffentlichen Verkehrsmittel, für den Kindergarten, für die Kinderkrippe. Das kostet mehr, als ich verdiene. Deswegen bin ich jetzt zu Hause.

*Siehst du eine Gleichberechtigung der Geschlechter in der palästinensischen Gesellschaft?*

Bei den gebildeten, den moderneren Leuten gibt es sie. Die Männer helfen daheim mit. Doch die traditionellen Männer sagen: „Was, ich soll Geschirr abwaschen, ich soll auf meine Tochter oder meinen Sohn aufpassen und sie herumtragen, während meine Frau mit etwas anderem beschäftigt ist? Ich arbeite nicht im Haus mit, ich habe geheiratet, um außerhalb des Hauses zu arbeiten und Geld heimzubringen, nicht mehr!"

*Hilft dein Mann im Haushalt mit?*

Ja, natürlich. Unsere Familie bedeutet, alle Probleme gemeinsam zu lösen. Wenn wir ein Problem haben, so lösen wir es unter uns, mein Nachbar weiß nichts davon. Doch bei den traditionellen Leuten wird alles öffentlich und unter Beteiligung der Nachbarn und Familien ausgetragen. Die traditionellen Familien machen auch einen Unterschied zwischen Knaben und Mädchen. Sie werden anders erzogen. Stell dir vor, einmal kam unsere Nachbarin mit ihrer fünfjährigen Tochter, die also älter ist als mein Sohn, auf Besuch. Mein Sohn schlug sie, und ich sagte zu ihm: „Nein, das darfst du nicht machen. Geh und küsse sie und entschuldige dich bei ihr!" Sie wurde rot und verlegen wie ein zwanzigjähriges Mädchen. Wie du siehst, beginnt die Trennung sehr früh.

*Hast du bemerkt, daß die Verschleierung der Frauen während der Intifada zugenommen hat?*

Ja, vor allem in den Lagern und in den Dörfern. Die Tradition hat während der Intifada Wurzeln geschlagen. Auch die islamische Bruderschaft „Hamas"[48)] ist stärker geworden.

*Wieso ist die „Hamas" während der Intifada stärker geworden?*

Weil die anderen nationalen Organisationen schwächer geworden sind. Die „Hamas“ ist nicht gewillt, auch nur einen Teil des ehemaligen Palästinas herzugeben. Und sie ist bereit, dieses Ziel mit allen Mitteln zu erreichen.

*Was sagst du zu den Friedensbestrebungen?*

Manche Leute wollen den Frieden, sie wollen, daß die Friedensgespräche weitergeführt werden, andererseits gibt es so viele Tote und Verkrüppelte. Ich habe das Gefühl, daß diejenigen, die die Friedensgespräche führen, nur an ihren eigenen Zielen interessiert sind und nicht wirklich am Schicksal des Volkes. Die Autonomie, um die jetzt verhandelt wird, wurde uns vor zwanzig Jahren angeboten, und das Volk hat sie verweigert. Und jetzt bieten sie uns wieder diese Lösung an, und vielleicht erreichen wir nicht einmal das. Die Leute sind müde. Die Intifada ist ein Beweis dafür, daß das Volk nicht aufgegeben hat, daß es noch immer bereit ist zu geben. Im Gaza-Streifen fallen täglich nicht weniger als zehn Kämpfer, es gibt nicht weniger als fünfzig Verwundete. Kinder von zwei oder drei Jahren werfen Steine, wenn ein Streifenwagen vorbeifährt. Sogar ein Kind in diesem Alter sieht schon einen Feind in den israelischen Soldaten. Wenn du meinen Sohn rufst und ihn fragst, was die Israelis mit seinem Onkel gemacht haben, erzählt er dir, daß sie ihn geschlagen und ihm das Bein gebrochen haben. Stell dir vor, womit sich ein dreijähriges Kind beschäftigt! Heute habe ich miterlebt, wie ein Soldat einen kaum sechsjährigen Jungen am Boden mitzerrte. Bedenke, was das für einen negativen Einfluß auf die Kinder hat!

*Wie ziehst du deine Kinder auf?*

Ich versuche, sie ohne Angst großzuziehen. Das heißt, sie sollen keine Angst vor der Armee haben. Mein Sohn zum Beispiel verfolgt oft die Militärpatrouillen und bewirft sie mit Steinen. Einmal ging ein Soldat vorbei. Mein Sohn warf Steine auf ihn und beschimpfte ihn, da hob der Soldat das Gewehr und wollte ihn erschießen. In diesem Moment kam ein UN-Wagen vorbei, und der Blauhelmoffizier fragte den Israeli, was er denn da mache, ob er nicht sehe, daß das ein Kind sei. Der Soldat antwortete: „Wenn er mich schon als

Kind attackiert, was wird er dann erst als Erwachsener machen!" Ich erziehe meinen Sohn, indem ich ihm sage, daß die Israelis in unser Land kamen und daß dies unser Haus ist. Ich spreche vom Haus, weil er natürlich noch keinen Begriff von Land und Heimat hat. Ich sage ihm: „Das ist unser Haus, und die Israelis sind gekommen, um es uns wegzunehmen. Wo sollen wir dann hin? Wenn sie unser Haus nehmen, wo sollen wir hin? Sollen wir auf der Straße leben? Wir haben nur dieses Haus, also dürfen wir hier nicht weg."

Ich habe ihn nicht an die Angst gewöhnt. Wenn eine Patrouille kommt, rufe ich ihn nicht schnell ins Haus und verstecke ihn nicht – nein, ich lasse ihn Steine werfen. Sie machen ja keinen Unterschied zwischen Groß und Klein, also beobachte ich ihn und bleibe in seiner Nähe, doch ich lasse ihn Steine werfen. Er soll keine Angst haben, damit er auch später keine Angst hat.

*Deine Tochter wirst du genauso erziehen?*
Ja, natürlich. Ich bin es von meinem Elternhaus so gewohnt, deswegen werde ich keinen Unterschied zwischen den beiden machen.

*Wie geht es geschiedenen Frauen in der palästinensischen Gesellschaft?*
Sehr schlecht. Denn der Grund für die Scheidung liegt immer bei der Frau, öffentlich gesehen. Sie ist immer die Schuldige, denn egal, ob der Mann Haschisch-Raucher oder Trinker ist oder ähnliches, es ist die Pflicht der Frau, es zu ertragen und auszuharren. Manche denken, daß die Lösung darin liegt, viele Kinder zu kriegen, dann wird der Mann eines Tages doch wieder zu sich kommen und zurückkehren zu seiner Familie, zu seinen Kindern. Ich kenne eine Frau, die hat acht Kinder, und ihr Mann trinkt und trägt kaum etwas zur Erhaltung der Familie bei. Sie arbeitet als Putzfrau, um ihre Kinder zu ernähren und aufzuziehen. Ich fragte sie: „Du wußtest doch von Beginn eurer Ehe an, daß er trinkt. Wieso hast du so viele Kinder bekommen?" Da antwortete sie: „Wann immer ich zu meiner Mutter ging, sagte sie zu mir: Bringe Kinder zur Welt, er wird schon wieder zu sich kommen, er wird sicher ein guter Mann werden." Und so ist sie in diese Falle hineingetappt. Es hat sich nichts verändert; im Gegenteil, es ist nur schlimmer geworden. Selbst die

Kinder wenden sich zum Teil dem Alkohol oder dem Haschisch zu, einige arbeiten als Spitzel für die israelische Regierung. Die negative Beziehung zwischen den Eltern hat sich auf die Kinder und ihre Erziehung ausgewirkt. Die Mutter ist den ganzen Tag nicht da, weil sie arbeiten muß, und ihr Vater ist auch nicht bei ihnen, weil er dauernd betrunken ist. Die Kinder sind auf sich gestellt und machen, was sie wollen.

*Besteht für eine geschiedene Frau die Möglichkeit, wieder zu heiraten?*
Ja, sie kann schon heiraten. Aber wenn sie zuerst mit einem Mann ihres Alters verheiratet war, so wird es beim zweiten Mal höchstwahrscheinlich ein viel älterer Mann werden, vielleicht 50 oder 60 Jahre alt.

*Du meinst, weil sie jetzt keine Jungfrau mehr ist und schon eine Beziehung hinter sich hat, sinkt ihr gesellschaftlicher Status und somit ihr Wert?*
Ja, denn obwohl sie erst 20 Jahre alt ist, hat sie jetzt einen Makel – sie ist eine Geschiedene. Ich kenne Leute, deren eine Tochter geschieden ist und deren zweite Tochter große Probleme mit ihrem Mann hat. Es ist eine Sünde, sie bei diesem Mann zu lassen. Sie ist erst 20 Jahre alt, obwohl sie schon fünf Jahre verheiratet ist und zwei Töchter hat. Sie ist noch so jung, es ist nicht richtig, sie bei ihm zu lassen. Doch die Eltern haben Angst, zwei geschiedene Töchter im Haus zu haben, und sind doch gute, liebenswürdige Menschen.

*Wie alt warst du, als du geheiratet hast?*
20 Jahre. Das ist normal.

*Wird also eine 27jährige als zu alt empfunden?*
Ja, schon. Wenn sie zum Beispiel studiert und eine Verbindung zu einem Studienkollegen hat und erst nach dem Studium heiratet, dann ist das Alter kein Problem. Doch für eine Angestellte oder ein Mädchen, das zu Hause lebt, sind 27 Jahre zu viel. Meine Eltern waren gegen meine Ehe, nicht, weil sie meinen Mann nicht mochten, sondern weil ich erst zwanzig Jahre alt war. Das kam ihnen zu jung vor, um die Sorgen und Pflichten einer Familie zu tragen. Doch die Situation hat es nicht anders ermöglicht. Denn mein

Mann gehört zu denen, die einen Monat in Freiheit verbringen und zwei Jahre im Gefängnis.

*Was arbeitet dein Mann?*

Derzeit ist er Wächter in einer Schule, obwohl er ausgebildeter Lehrer ist, aber es gibt keine Arbeitsmöglichkeit für ihn. Es ist nicht so schlecht, wir schaffen es schon.

## Inam

*Inam ist Hausfrau und Schneiderin. Sie ist 42 Jahre alt, hat sieben Kinder und lebt als zweite Frau eines in Israel tätigen Lohnarbeiters. Ihr Mann verbringt die Hälfte der Woche bei ihr, den Rest bei seiner anderen Frau. Wenn er bei ihr ist, herrschen Ruhe und Ordnung, doch sobald er weggeht, steckt das Haus voller Gäste. Inam ist die Informationsquelle Nummer 1 für den ganzen Ölberg, sie kennt alle wichtigen Geschichten. Trotz ihres großen Mundwerks ist sie beliebt und wird für ihr großes Herz und ihre Gastfreundlichkeit geschätzt. Sie lebt in einer kleinen Mietwohnung am Ölberg. Ihr Traum ist es, ein eigenes Haus zu besitzen.*

*Erzähle ein wenig über dich.*

Meine Eltern stammen beide aus der Altstadt Jerusalems. Wir waren zu Hause sechs Knaben und sechs Mädchen (eine Schwester starb kürzlich an Krebs). Meine Schwestern sind alle verheiratet, Hausfrauen und Mütter. Ich bin die Älteste, die Erstgeborene. Ich habe mit zwanzig Jahren geheiratet. Vorher war ich als Schneiderin tätig, erst bei einem arabischen Schneider und dann bei den Juden in Deir Yasin.[49)] Dort lernte ich auch meinen Mann kennen. Er arbeitete nebenan. Wann immer ich im Bus fuhr, kam er her und begrüßte mich, und so lernte ich ihn kennen. Sein Onkel, ein islamischer Gelehrter, kam zu meinen Eltern und bat um meine Hand für seinen Neffen, und wir heirateten. Seither leben wir am Ölberg. Denn meine Eltern sind auf den Ölberg gezogen. Einer meiner Brüder wurde eigentlich von mir aufgezogen und nannte mich Mama. Er hing sehr an mir. Deswegen zogen wir auch hierher. Das war kurz vor der Besetzung Ost-Jerusalems durch Israel. Ich habe alle meine Kinder hier bekommen. Mein Vater ist Gemüsehändler in Ramallah und fährt jeden Tag hin und her.

*Kannst du dich an das Leben vor der Besetzung erinnern?*

Ja, natürlich. Wir lebten ein einfaches Leben. Es gab keine Angst. Unsere Feste waren schöner als heute. Wir besuchten uns gegenseitig. Das Leben war sicherer. Jetzt besteht es aus Angst. Die Mutter sitzt daheim und hat Angst, wenn ihre Kinder außer Haus sind. Sind die Kinder daheim, macht sie sich Sorgen um ihren Mann oder ihren Bruder. Unser Leben ist jetzt weder schön noch glücklich. Seit die Israelis da sind, ist es hart. Du siehst ja selbst, sie zerstören die Häuser, und die Burschen nehmen sie und sperren sie ein. Mein Vater ist 62 Jahre alt, und sie haben ihn eingesperrt, ihm die Zähne ausgeschlagen. Wenn die Soldaten in die Häuser kommen und Geld finden, nehmen sie es mit; wenn sie Papiere finden, zerreißen sie sie; wenn sie Frauen im Haus sehen, sagen sie ihnen Unverschämtheiten. Als sie kamen und meinen Vater holten, sagten sie mir so schlimme Dinge, ich kann es nicht wiederholen, so unverschämt waren sie. Manchmal ist einer dabei, der seine Kollegen ermahnt, doch dann schimpfen sie hinter seinem Rücken. Wenn die israelischen Soldaten eine Uhr oder einen Ring finden, nehmen sie sie mit. Man muß höllisch aufpassen. Sie bringen alles im Haus durcheinander. Sie kommen ohne Respekt in die Häuser, ganz selten kommen sie ruhig, meist randalieren sie.

*Wieso hast du bei den Israelis als Schneiderin gearbeitet?*

Freundinnen von mir, die dort arbeiteten, verdienten mehr als ich. Also beschloß ich, es auch dort zu versuchen. Die meisten Arbeitenden waren Araber, Frauen wie Männer. Die Israelis mischten sich nicht unter uns, außer wenn sie uns etwas auftrugen. Die Verantwortliche war eine sehr liebe Frau und behandelte uns gut. Fast alle sprachen Arabisch. Als ich heiratete, hörte ich zu arbeiten auf und begann in Heimarbeit zu nähen. Das Leben ist teuer, und die Schneiderei hilft. Seit der Intifada ist diese Hilfe noch wichtiger geworden. Die Frauen helfen beim Familieneinkommen, wo sie können. Die Männer finden nicht mehr leicht Arbeit, und wenn viele

Kinder da sind, muß die Frau mithelfen. Manche arbeiten außer Haus, manche nähen oder stricken oder arbeiten als Friseuse, entweder daheim oder in einem Frisiersalon. Ich zum Beispiel beende meine Hausarbeit und fange dann zu nähen an.

*Hast du das Gefühl, daß die Mädchen jetzt mehr Freiheiten haben?*
In meiner Familie geben wir den Mädchen ihre Freiheit. Hätte ich keine Freiheit gehabt, hätte ich nicht bei den Israelis arbeiten können.

*Hast du entschieden, wieviel Kinder ihr bekommen werdet?*
Nein. Ich persönlich wollte am liebsten einen Sohn und eine Tochter, doch mein Mann liebt Kinder. Er würde sogar jetzt noch Kinder wollen, aber es genügt. Ich habe meine Kinder nacheinander bekommen. Zwischen den Geburten lag jeweils nur ein Jahr. Körperlich war ich ziemlich erschöpft, doch mein Mann wollte nicht, daß ich die Pille oder eine Spirale nehme. Ich habe mir dann trotzdem die Spirale einsetzen lassen – zwischen meinem vorletzten und dem letzten Kind, und zwar sechs Jahre lang. Mein Mann wußte nichts davon, doch dann bedrängte er mich so mit seinem Kinderwunsch, daß ich die Spirale wieder herausnehmen ließ. Jetzt habe ich sie wieder ohne sein Wissen eingesetzt. Es ist endgültig genug.

*Wirst du deine Tochter die Schule beenden lassen?*
Ja, unbedingt, das ist sehr wichtig für mich. Ich versuche sie so weit wie möglich von der Hausarbeit zu befreien, damit sie sich ganz auf die Schule konzentrieren kann.

*Wieso, glaubst du, hat die Intifada begonnen?*
Damit unsere Situation besser wird, doch sie wird immer schlimmer. Immer mehr Menschen werden deportiert und des Landes verwiesen. Vielleicht kommen wir bald alle dran. Sie lassen uns keine Häuser bauen. Ich zum Beispiel wohne hier in dieser Wohnung und zahle Miete – dabei haben wir ein Stück Land, auf dem ich bauen und in meinem eigenen Haus bequem leben könnte. Doch die Regierung gibt uns Palästinensern keine Baugenehmigung, obwohl wir schon so lange angesucht haben. Unser Stück Land ist schön und bepflanzt, doch sie möchten es uns am liebsten wegneh-

men. Sie haben uns viel Geld angeboten, doch, so Gott will, werden sie das Land nie bekommen. Jeder wünscht sich ein Stück Land und ein kleines Haus, nicht nur ich, jeder. Jeder möchte ein Heim haben, seine Freiheit in seinem Haus, auf seinem Land. Meine Heimat ist so kostbar wie meine Kinder, vielleicht sogar kostbarer.

## Saliha

*Saliha ist 36 Jahre alt und bei der UNRWA angestellt. Sie ist geschieden und lebt mit ihren sechs Kindern in einem hellen kleinen Haus neben ihrer Mutter und ihrer Schwester im Jalason-Lager in der West Bank. Sie ist von faszinierender Schönheit und hat die Anmut und Ausstrahlung eines jungen Mädchens. Ruhig und gelassen sitzt sie da und erzählt:*

Dieses Lager entstand 1948, als die Leute von ihrem Land flüchten mußten. Man baute dieses Lager für sie, erst nur Zelte. Wir sind hier geboren und leben hier. Anstatt der Zelte baute die UNRWA dann Zimmer. Es gab weder Küche noch Bad, weder Wasser noch Strom. In jedem Teil des Lagers gab es ein Bad, und die Leute gingen alle hin und benutzten es. Es gab einen Teil für die Männer und einen für die Frauen. Jeder besaß bloß ein von der UNRWA gebautes Zimmer. Man kochte und aß, wohnte und schlief in diesem einen Zimmer. Strom hatten wir keinen, den gibt es im Lager erst seit 15 Jahren. Vorher verwendeten wir Gas- oder Öllampen. Wasser holten wir von einer Quelle. Es gab nur eine Quelle im Lager, und alle gingen dorthin, um Wasser zu holen. Sie füllten ihre Eimer und transportierten sie am Kopf nach Hause. Die Frauen gingen mehrmals am Tag, zehnmal, zwölfmal, und der Weg war weit. Wenn jemand einen Esel hatte, dann transportierte er das Wasser auf dem Esel. Manche gruben Brunnen und füllten sie mit Wasser. Dann begannen die Leute, Plumpsklos zu bauen, doch das wirkte sich auf die Sauberkeit der Brunnen aus. Also hörte man auf, dieses Wasser zu trinken. Man fing an, vom nächstliegenden Dorf Wasser zu holen – ein Dorf hinter diesem Hügel. Dort gab es Fließwasser, also füllten die Leute ihre Eimer dort. Dann baute die UNRWA einen Wassertank mitten im Lager, der immer nachgefüllt wurde.

Zehn oder zwölf Jahre lang holten die Frauen also das Wasser vom Wassertank, dann baute die UNRWA Wasserleitungen. Für jeweils zehn bis fünfzehn Familien eine Wasserleitung mit zwei Hähnen. Täglich wurde das Wasser für zwei Stunden aufgedreht, und zwar von 8 Uhr bis 10 Uhr morgens. Um 10 Uhr kam ein Mann von der israelischen Kanalisation, um das Wasser abzusperren. Ob du Wasser bekommen hattest oder nicht – wenn die Stunden vorüber waren, gab es kein Wasser mehr. Jetzt wurden Wasserleitungen in jedes Haus eingeleitet, und jedes Haus bekam einen Wasserzähler. Früher war das Wasser kostenlos, die UNRWA spendierte es, doch jetzt bezahlt jeder sein Wasser. Ein Mann liest von der Uhr den Wasserverbrauch ab, und wir bekommen eine Rechnung, die wir an die Regierung zahlen, wie die Leute in den Städten.

*Gibt es Schulen im Lager?*

Es gibt Mädchen- und Knabenschulen. Bis zur neunten Klasse kann man im Lager in die Schulen gehen, die von der UNRWA finanziert werden. Früher waren sie kostenlos, doch jetzt muß man dafür zahlen. Wenn die Kinder die Schule hier beendet haben, bekommen sie ein Überweisungsschreiben in eine Schule außerhalb des Lagers. Weißt du, zu Beginn, als das Lager noch aus Zelten bestand, existierten keine Schulen, doch als Zimmer gebaut wurden, stellte die UNRWA Lehrer zur Verfügung, die die Kinder in einem dieser Räume unterrichteten. Zuerst unterrichteten sie Mädchen und Knaben gemeinsam. Langsam wurden Räume dazugebaut, bis daraus eine Schule mit mehreren Klassen entstand. Insgesamt gibt es heute zehn Klassenräume, ein Labor, ein Kunstzimmer und ein Turnzimmer. Später wurde ein Spielplatz errichtet. Zu meiner Zeit gab es das alles noch nicht. Wir spielten draußen auf der Erde, im Staub. Jetzt ist der Spielplatz asphaltiert. Mein Vater war damals der Leiter des Lagers und half beim Aufbau mit. Er ließ Bäume und Blumen anpflanzen und asphaltierte die Fläche vor und hinter der Schule. Er machte ein richtiges Paradies daraus.

Erst wollten die Leute ihre Töchter nicht in die Schule schicken, weil Mädchen und Jungen gemeinsam unterrichtet wurden. Viele waren da sehr rückständig. Doch als es zu getrennten Schulen kam, wurden die Leute offener und diskutierten untereinander: „Sollen alle unsere Kinder Analphabeten und unwissend sein?"

Also schickten sie ihre Kinder in die Schulen. Doch es gibt Leute, und dies bis heute, die ihre Töchter nicht weiter als bis zur neunten Klasse in die Schule gehen lassen. Sie sagen: „Genug, wir wollen nicht, daß unsere Tochter außerhalb des Lagers in der Stadt weiterlernt." Und obwohl diese Mädchen in der Schule meist sehr gut sind, dürfen sie nicht weiterlernen. Die Eltern haben einfach Angst davor, ihre Töchter in die Stadt zu schicken. Sie jeden Tag weggehen, von fremden Lehrern unterrichten, von Fremden gesehen werden zu lassen – das alles können traditionell denkende Eltern nicht einfach akzeptieren. Wir Araber sind bei der Erziehung unserer Töchter rückständig. Also werden diese Mädchen bei der erstbesten Gelegenheit verheiratet, und nach einem Jahr haben sie schon ihr erstes Kind. Was meine Töchter betrifft, so lasse ich sie lernen, so lange sie wollen, und ich werde voll hinter ihnen stehen. Denn heute gibt es keinen Unterschied zwischen Mann und Frau, und es ist wichtig, daß alle ihre Ausbildung erhalten.

Ich weiß doch von mir, wie es war. Ich beendete die neunte Klasse, und als ich weitermachen wollte, wurde ich verheiratet; ich war erst 16 Jahre alt. Zuerst hieß es, ich dürfte weiterlernen, doch meine Schwiegermutter, bei der wir lebten, nahm mich so in Anspruch, daß es unmöglich war. Die ganze Hausarbeit lag ab diesem Zeitpunkt auf meinen Schultern. Ich mußte Wasser von der Quelle holen, obwohl ich das daheim nie mußte. Denn das erste, was mein Vater machte, als es Wasserrohre gab, war, daß er sofort meiner Mutter das Wasser bis zum Haus weiterleitete. Nun hätte ich das Wasser bei meiner Mutter holen können, doch meine Schwiegermutter war dagegen. Sie wollte, daß ich das Wasser von der Quelle holte. Mein Vater war sehr besorgt um mich und wütend auf meine Schwiegereltern. Er wollte, daß ich wieder nach Hause zurückkäme. Doch ich war noch jung und naiv, also ließ ich alles laufen, wie es war. 17 Jahre lebte ich im Haus meiner Schwiegereltern. Neun Jahre davon arbeitete mein Mann in Saudi-Arabien. Jeden Sommer kam er für einen Monat oder vierzig Tage zu Besuch nach Hause.

Ich begleitete ihn nie, obwohl er das gewollt hätte. Wir hatten damals drei kleine Kinder, die noch nicht schulreif waren, und es wäre leicht gegangen. Doch wann immer seine Eltern hörten, daß er mich zu sich holen wollte, sträubten sie sich mit aller Kraft dagegen, denn sie hatten Angst, daß er dann sein Geld dort ausgeben und aufhören würde, es ihnen zu schicken. Wir wollten damals ein Grundstück kaufen und ein Haus bauen. Meine Schwiegermutter überzeugte meinen Mann, uns hier zu lassen. Mir gegenüber behauptete er dann, er hätte keine Aufenthaltsgenehmigung für uns bekommen. Ich wußte, daß das nicht der wahre Grund war – doch was hätte ich machen können? Ich blieb also in diesem Haus mit meinen Kindern und ging nie weg. Meine Schwager kümmerten sich um uns, meine Schwägerin – sie ist Krankenschwester – brachte uns alles, was wir brauchten. Mein Mann schickte uns regelmäßig Geld; wenn er nach Hause kam, brachte er Kleidung für die Kinder mit. Ich kaufte hier nichts.

Als er endgültig aus Saudi-Arabien zurückkehrte, bauten wir ein zweistöckiges Haus, einen Teil für uns und einen für seine Eltern und Geschwister. Wir wohnten dort, bis eines Tages meine Schwiegermutter behauptete, daß ich als Kind von ihrer Brust getrunken hätte und somit ihre Tochter,[50)] also mein Mann mein Bruder sei. Sie ging zum Richter und beschwor es, und wir wurden geschieden. Er heiratete dann eine andere; sie lebt jetzt bei seiner Mutter, weil er selbst in die USA reiste und dort noch eine andere Frau heiratete. Ich kehrte zu meinen Eltern zurück. Die ersten fünf Monate blieben meine Kinder bei meiner Schwiegermutter. Nach islamischem Gesetz gehörten sie allerdings mir, also bekam ich sie wieder. Viele Leute versuchten mich zu überreden, meine Kinder dort zu lassen, da es leichter für mich ohne sie sei, doch ich wollte nicht. Meine Geschwister halfen mir, und ich lebe jetzt in diesem Haus, das mein Onkel für sich gebaut hat und in dem er leben will, wenn er aus Kuwait zurückkehrt. Ich arbeite jetzt in einem Zentrum für Körperbehinderte, die während der Intifada verwundet und verkrüppelt wurden. Sie sind bettlägerig oder an Rollstühle gefesselt. Ich helfe ihnen und bringe ihnen, was sie brauchen. Meine Arbeitszeit dauert von 7 Uhr morgens bis 2 Uhr nachmittags. Ich arbeite und ziehe meine Kinder auf, und alle lernen, alle gehen zur Schule. Früher zahlte ihr Vater Unterhalt, wie es das islamische Gericht entschieden hat, doch seit er in den USA lebt, hat er damit aufgehört. Seine Eltern und der Onkel der Kinder kümmern sich auch nicht. Sogar als ich ihr Haus verließ, gaben sie mir nichts, obwohl mir nach islamischem Gesetz eine Wohnung zustünde und ich alle Möbel mitnehmen hätte können. Sie gaben mir nur meine persönlichen Dinge und die Kleider meiner Kinder mit. Ich habe mich beschwert. Vor dem Richter versprechen sie alles, doch bringen sie nichts, weder Decken noch Leintücher noch Matratzen, nichts, nicht einmal meine Mitgift haben sie mir wiedergegeben. Alles, was ich jetzt besitze, hat mir meine Schwester gegeben – Betten, Geschirr, einen Herd, Stühle und einen Tisch und ihren eigenen Kühlschrank. Ich lebe jetzt seit vier Jahren alleine mit meinen Kindern.

*Überlegst du, noch einmal zu heiraten?*

Nein, nie wieder. Ich habe meine Kinder, das genügt, obwohl viele Männer um meine Hand angehalten haben. Manche waren sogar bereit, auch meine Kinder zu akzeptieren. Doch ich wollte nicht; es gibt genug Mädchen, die heiraten wollen. Der Richter sagte, die Kinder gehörten nach islamischem Gesetz mir, und wenn ich noch einmal heiratete, so kämen meine Kinder an meine Mutter, nicht zur Mutter meines Mannes oder zu ihm. Ich legte einen Eid ab vor mir selbst, daß ich nie wieder heiraten würde. Ich empfinde mich wie eine Frau, deren Mann gestorben ist, wie eine Witwe. Er ist gegangen und hat geheiratet, und wenn ich jetzt auch heirate, wer kümmert sich um die Kinder? Er fragt ja nicht einmal nach ihnen. Die Feste kommen und gehen, die Schule beginnt, und sie gehen in die Schule, es kommen die Ferien, und er fragt nicht einmal, wie es ihnen geht. Wenn ich jetzt heirate und mein neuer Mann meine Kinder nicht will – was wird aus ihnen, wer erzieht sie? Sie würden herumlungern und zu Dieben werden oder drogenabhängig. Nein, ich werde so lange bei ihnen bleiben, so lange sie mich brauchen, bis sie selber ihre Wege gehen, bis sie zwanzig, dreißig Jahre alt sind und heiraten, bis mein Gewissen beruhigt ist. Wenn sie studieren möchten, wenn sie heiraten wollen, werde ich ihnen helfen – was immer sie wollen, ich werde bei ihnen sein.

*Gibt es heutzutage viele Mädchen, die arbeiten?*

Ja, heute ist es anders. Es gibt viele Mädchen und auch verheiratete Frauen, die in Büros oder Fabriken arbeiten. Das Leben ist schwierig, und die Männer mögen es, wenn die Frau auch arbeitet und zum Familieneinkommen beiträgt. Früher arbeiteten verheiratete Frauen nur selten, doch heute ist das normal. Manche studieren sogar weiter. Manche unterrichten, manche sind Sekretärinnen, manche Aufpasserinnen oder haben verantwortliche Posten in Firmen und Fabriken. Manche arbeiten in Schneidereien. Eigene Autos holen sie morgens ab und bringen nach der Arbeit wieder zurück.

*Gibt es auch Frauen, die bei den Israelis arbeiten?*

Nein. In den siebziger Jahren gingen manche Frauen und Mädchen, deren finanzielle Situation schlecht war, zur Ernte auf die Felder oder in die Haine der Israelis. Sie sammelten Tomaten und Gemüse und pflückten Pfirsiche und anderes Obst. Sie zogen morgens los und kamen gegen Sonnenuntergang wieder nach Hause zurück. Doch dann verboten die Familien und die Organisationen in den Lagern den Frauen, bei den Israelis zu arbeiten.

*Arbeiten heutzutage manche Palästinenser bei den Israelis?*

Manche arbeiten bis heute als Bauarbeiter, doch da die West Bank vom Rest des Landes abgesperrt ist und man eine spezielle Genehmigung braucht, um außerhalb zu arbeiten,[51)] geht kaum jemand zu den Israelis. Die meisten, die eine Genehmigung bekommen, arbeiten am Bau oder als Gärtner und Blumenpflücker. Doch es sind nur wenige. Als die Israelis die West Bank absperrten, wurden die meisten arbeitslos. Die, die etwas erspart haben, leben von der Reserve. Doch die Jugendlichen sind fast alle arbeitslos. Sie können weder nach Jerusalem, um zu arbeiten, noch anderswo hin. Viele waren Tagelöhner und haben daher jetzt kein Geld. Sie suchen verzweifelt nach Arbeit, aber es gibt keine. Man wartet, daß die Sperre wieder aufgehoben wird.

## Varsein

*Varsein ist 34 Jahre alt, Professorin und Vorsitzende des Arab Medical College in al-Birah, West Bank. Sie ist Armenierin und mit einem Muslim verheiratet, der Professor für Gesundheitswesen ist. Die beiden haben drei Kinder und leben in Ramallah in der West Bank. Varsein ist eine große, dunkelhaarige Frau, die sich stets streng kleidet und sich und ihrer Umwelt viel abverlangt. Sie wird von ihren StudentInnen und KollegInnen bewundert, aber auch gefürchtet. Ihre großen, klaren Augen und ihre eindrucksvolle Körperhaltung strahlen viel Selbstsicherheit aus.*

*Erzähle mir ein wenig von deiner Arbeit.*

Wir haben hier an unserem College eine medizinische Fakultät, die unter der Schirmherrschaft der Universität Tel-i-Byut[52)] steht. Ich bin für die Abteilung zur Ausbildung von Krankenschwestern zuständig. Ich unterrichte hier seit 12 Jahren und bin zugleich Direktorin dieser Abteilung. Das College kann man als weibliche Institution bezeichnen, nur 10 Prozent der Studenten sind Männer.

*War es normal, daß du nach der Schule weitergelernt hast und jetzt hier arbeitest?*

Ja, da meine Eltern dafür waren, daß auch ein Mädchen eine Ausbildung erhält. Da gab es keine Schwierigkeiten. Im Gegenteil, sie unterstützten mich in meinem Bestreben. Ich studierte sogar im Ausland, das erste Jahr in Großbritannien, dann wechselte ich in die USA. Wir hatten Verwandte dort, doch ich lebte alleine. In dieser Hinsicht war alles problemlos.

*Hast du Geschwister?*

Eine Schwester und einen Bruder.

*Wurdet ihr geschlechtsspezifisch erzogen? Hast du einen Unterschied verspürt?*

Ja, natürlich. Mein Bruder war der Privilegierte. Er wurde sehr verwöhnt. Wer mich zum Lernen ermutigte, war mein Vater, nicht meine Mutter. Meine Mutter war immer der Überzeugung, es sei bereits genug studiert, die Mädchen würden ohnedies heiraten, die Bildung sei für sie nicht so wichtig. Es kam zu einer Art Spaltung innerhalb der Familie. Mein Vater begann uns Mädchen besonders zu unterstützen, als er sah, daß meine Mutter den Sohn so bevorzugte. Dieser Zwist besteht bis heute. Obwohl wir alle verheiratet sind, spüren wir die Auswirkungen.

*Es kommt selten vor, daß einem palästinensischen Mädchen erlaubt wird, im Ausland zu studieren. Du bist in der Hinsicht eine Ausnahme. Entfremdet dich das von den anderen Frauen hier im Land? Oder, besser gesagt, verbindet es dich mehr mit Frauen anderer Kulturen?*

Ich fühle mich gespalten. Einerseits möchte ich natürlich so leben wie die Menschen in den westlichen Ländern, aber auch wieder nicht ganz so, denn es gibt viel Negatives in dieser Kultur. Ich sehne mich nach mehr Freiheit, mehr Entscheidungsfreiheit, um selbst zu entscheiden, ob ich studieren möchte oder nicht. Doch ich muß sagen, es ist für eine palästinensische Frau, die in einer so konservativen Tradition aufgewachsen ist wie unserer, sehr schwer, in einer europäischen oder amerikanischen Umgebung zurechtzukommen. Wir haben dies oft erlebt, wenn wir Studentinnen unseres Colleges zur Weiterbildung ins Ausland geschickt haben. Wir haben ihre Eltern überzeugt, sie ins Ausland zu schicken, aber der Kulturschock war so groß, daß manche sofort wieder zurückkamen und umgekehrt andere nicht mehr zurück wollten. Es gibt eine Reihe von Studentinnen, denen wir eine zwei- oder dreijährige Ausbildung finanziert haben, damit sie später dem palästinensischen Volk helfen können – und sie sind nicht mehr zurückgekommen. Der Reiz des Geldes, des neuen sozialen Lebens war größer. Ich kann mich an eine Studentin aus einem kleinen Dorf bei Hebron erinnern. Sie stammte aus einer sehr konservativen Familie und ging auch selbst verschleiert. Sie kam nicht mehr zurück und blieb in den USA. Es ist nicht einfach. Wie kann man die Leute vorbereiten, ausländische Traditionen und Kulturen zu verstehen und zum Teil zu leben und trotzdem mit ihrem Volk und ihrer Kultur verbunden zu bleiben? Mit 18 oder 19 Jahren, wenn die Persönlichkeit und die Gedanken noch nicht ganz ausgeprägt sind, ist man leicht beeinflußbar. Wir haben viel Positives in unserer Kultur, aber auch viel Negatives.

*Gib mir ein paar positive Beispiele dieser Kultur.*

Die Familienzusammengehörigkeit etwa. Wenn mir irgend etwas passierte und ich meine Eltern anriefe, sie kämen sofort. Das Mitgefühl, das zwischen den Menschen besteht, die Hilfsbereitschaft, die du jederzeit findest. Im Westen gibt es das höchstwahrscheinlich nicht. Der Nachteil daran ist, daß bei uns auch die Einmischung in die Privatsphäre größer ist. Die Verbundenheit ist einerseits gut und schön, andererseits entstehen dadurch natürlich Probleme. Eltern glauben noch immer, sie wären für alles zuständig, obwohl die Tochter schon verheiratet ist und ihre Kinder 18 oder 20 Jahre alt sind. Meine Schwester zum Beispiel ist 30 Jahre alt, verheiratet und hat Kinder. Meine Eltern nennen sie immer noch „unser kleines Töchterchen". Diese Dinge machen natürlich das Leben kompliziert, aber man versucht, das Positive hervorzuheben und das Negative zu vermeiden, so gut es geht.

*Wie erziehst du deine Kinder?*

Ich habe zwei Söhne und eine Tochter. Es gibt ein gewisses Problem, denn ich bin Christin und mein Mann ist Muslim. In dieser Gesellschaft ist es nicht einfach, Eltern verschiedener Religion zu haben. Wir versuchen unseren Kindern zu zeigen, daß wir zu Gott beten und daß es keinen großen Unterschied zwischen diesen Gebeten gibt. Sie sollen beide Religionen kennenlernen. Wenn sie erwachsen sind, entscheiden sie selbst, zu welcher sie gehören wollen. Für uns ist das kein Problem, wir erziehen sie so. Aber die Gesellschaft ist anders. Die Kinder bekommen immer wieder zu hören, daß ihre Mutter eine Christin ist, sie sind Kinder einer Christin. Mein ältester Sohn ist acht Jahre alt. Jeden Tag kommt er mit einer neuen Geschichte. Wenn du also in dieser Gesellschaft deine Kinder auf eine ganz andere Weise erziehen willst, nach bestimmten Idealen, an die du glaubst, so wirst du es nicht leicht haben. Also werden deine Kinder wie Außenseiter, da sie ganz anders sind. Das führt zu Frustrationen. Wir haben Freunde mit demselben Problem, deren Kinder große Verwirrungen durchmachen und im späteren Alter zu Extremen neigen, entweder ganz links oder ganz rechts. Die Eltern fragen sich dann, wo sie Fehler in der Erziehung gemacht haben. „Wir haben den Kindern alles gegeben“, sagen sie, „wir haben sie unterwiesen, sie gut erzogen, in gute Schulen gesteckt und sind für sie dagewesen. Trotzdem haben sie große Probleme.“ Die Gesellschaft spielt eine bedeutende Rolle, und nach fast sechs Jahren Intifada ist es noch schwieriger für Menschen wie uns, da es Tendenzen in Richtung Fundamentalismus gibt. Das erschwert das Leben für gebildete, vom Ausland beeinflußte Leute. Das bedeutet nicht, daß wir wie die Leute im Westen sind. Doch die traditionell denkenden Menschen glauben, wenn du nicht zu ihnen gehörst, bist du höchstwahrscheinlich gegen sie.

*Warum, glaubst du, hat der Fundamentalismus während der Intifada zugenommen?*

Weil die Leute während der Intifada und auch während der vorangegangenen 25 Jahre vieles versucht haben. Sie sind dem linken Flügel gefolgt, dem rechten Flügel, dem liberalen Flügel, und sie wurden dadurch sehr frustriert, denn nichts half ihnen wirklich weiter. Und meist ist es doch so, daß der Fundamentalismus auftaucht, wenn die Ökonomie zerfällt, wenn die Menschen seelischen Streß durchmachen und alles, was sie bis jetzt versucht haben, um ihr Leben zu verbessern, nichts geholfen hat. Also denken viele: „Wieso versuchen wir nicht etwas, womit wir vor 2.000 Jahren so viel Erfolg hatten, damals, als wir religiös und ruhmreich waren. Unser Rückgriff auf die Religion könnte uns helfen und vielleicht die Dinge verändern.“ Es ist sozusagen die letzte Zuflucht.

Die Intifada hat – so gesehen – viel Positives, aber auch Negatives gebracht. Im ersten Jahr der Intifada haben sich die Mädchen und Frauen aktiv und intensiv am Aufstand beteiligt. Sie warfen Steine, stürmten auf die Straßen, schrieben nachts Parolen an die Wände, doch mit der Zeit ließ das nach, weil die Familien anfingen, sich Sorgen zu machen – „Unsere Töchter gehen nachts auf die Straßen und sind dort mit den Burschen zusammen, es kommt zu Kontakten und somit zum Gerede und zu vielen Emotionen.“ Man holte also langsam die Mädchen wieder in die Häuser zurück. Die Frauenorganisationen, die sich seit über 50 Jahren mit der Frage der Frau und ihrer Rechte beschäftigen, also mit sozialen Themen, ließen all das zugunsten der nationalen Themen und des nationalen Kampfes fallen. Sie erkannten den Fehler erst nach vier Jahren Intifada. Wir fanden uns an einem Punkt, wo wir weder auf dem nationalen noch auf dem sozialen Sektor an Stärke zulegen konnten. Wir haben viel verabsäumt, weil unser Ziel nicht klar definiert war. Jetzt müssen wir neu beginnen und wieder erkämpfen, was wir vor 20 Jahren schon erreicht hatten. Das frustriert.

*Meinst du, daß die Intifada eher einen negativen Einfluß auf die Position der Frau hat?*

Zu Beginn war sie sehr positiv. Frauen machten überall mit, beteiligten sich an allem und spielten eine wichtige Rolle, doch jetzt ertragen sie viele neue Bürden, vor allem die Mütter. Ihre Kinder sterben, die Väter werden eingesperrt. Wir haben jetzt eine hohe Anzahl von alleinerziehenden Müttern, weil die Väter im Gefängnis sind, deportiert sind ... Der Druck, den die Frauen ertragen müssen, ist größer als der der Männer. Im Gaza-Streifen zum Beispiel durften die Männer während der Ausgangssperre nicht außer Haus, also verkauften die Frauen Obst oder Gemüse, gingen auf die Felder und säten aus. All das vergrößerte ihre Verantwortung. Leider fanden sich in dieser Zeit keine Organisationen, die den Frauen beistanden und ihnen halfen, die zusätzlichen Pflichten während der Intifada leichter zu tragen. Der negative Aspekt der Intifada besteht darin, daß wir gesellschaftlich an Boden verloren haben. Vom nationalen Standpunkt aus kämpften wir und erschienen so auf der Bildfläche, doch das war eigentlich nur im ersten Jahr effektiv. Jetzt, nach fünf Jahren, hat sich das ausgelaugt.

*Während der letzten Jahre hat die israelische Regierung viele Juden aus aller Welt hierher gebracht, vor allem aus der ehemaligen Sowjetunion und aus Äthiopien. Wie hat sich das auf die Palästinenser ausgewirkt?*

Die neueste jüdische Immigration hat natürlich sehr zur Arbeitslosigkeit unter den Palästinensern beigetragen. Der Arbeitsmarkt wurde durch afrikanische und osteuropäische Juden gefüllt, und alle Palästinenser, die bei den Israelis gearbeitet haben – nicht, weil sie es so gern tun, sondern weil es sonst keine Möglichkeiten gibt –, haben ihre Arbeit verloren. Wir dürfen ja keine Industrie aufbauen, keine neuen Firmen gründen, den Arbeitsmarkt also nicht vergrößern und uns nicht ökonomisch stabilisieren. Also bleibt vielen nichts anderes übrig, als bei den Israelis zu arbeiten. Als die jüdischen Neuankömmlinge die Plätze der Palästinenser einnahmen, explodierte die Arbeitslosigkeit und noch mehr die Verzweiflung. Viele suchten im Glauben Zuflucht, denn jetzt konnte nur mehr Gott helfen. Vergiß nicht – im Gaza-Streifen herrschen 40 bis 50 Prozent Arbeitslosigkeit!

*Wir können sagen, daß der Großteil der palästinensischen Bevölkerung in der Landwirtschaft beschäftigt war. 1948 flohen die meisten und verloren ihr Land. Es kam zur Proletarisierung vom Bauern zum Arbeiter. Und nun haben die Neuankömmlinge den Palästinensern ihren Platz weggenommen. Was passiert jetzt?*

Als die Israelis kamen, gingen sie sehr klug vor. Sie boten den palästinensischen Bauern Arbeit bei ihnen an, die ein höheres Einkommen als jenes aus der Landwirtschaft versprach. Also vernachlässigten die Bauern ihr Land und gingen arbeiten, zehn bis zwanzig Jahre lang. Als die Bauern aufs Land zurückkamen, war es verwüstet. Mit der israelischen Landwirtschaft konnten sie nicht mithalten. Diese war, im Vergleich zu unserer primitiven Art des Anbaus, sehr entwickelt. Das machte die Sache noch verworrener. Es wäre besser gewesen, die Bauern wären auf ihrem Land geblieben und hätten aufgebaut. Die einzigen, die die ganze Zeit hindurch arbeiteten, waren die Frauen. Ihre Männer gingen in die Stadt und verlernten ihre bäuerlichen Fähigkeiten. Die Politik der Israelis folgte dem Motto: Biete ihnen die materielle Basis, damit sie sich daran gewöhnen und damit ein späterer Schlag oder der Entzug sie ordentlich trifft! Der palästinensische Arbeiter sah das angenehme israelische Leben, sah den neuen gesellschaftlichen Umgang, sah die israelischen Frauen. Er ging täglich dorthin und blieb lieber ganz dort, als in das palästinensische Dorf zurückzukehren, wo alles ganz anders ist. Und ich glaube, er begann auch die arabische Frau durch andere Augen zu sehen. Weißt du, in den siebziger Jahren schwärmten alle von der israelischen Frau, die ganz anders ist als die arabische. Aber wie soll die arabische Frau so werden wie die israelische – sie hat vor lauter Pflichten und Schwierigkeiten keine Möglichkeit, sich zu entwickeln. Die ganze arabische Identität kam ins Schwanken, vor allem in den siebziger Jahren. In den achtziger Jahren ließ es nach, da auch der Boom der israelischen Wirtschaft nachließ. Und dann kam die Intifada.

*Hat die Palästinenserin auch bei den Israelis gearbeitet?*

Ich kann mich erinnern, daß in den siebziger Jahren jeden Morgen Hunderte von Frauen zu den Israelis fuhren, um dort zu arbeiten. Man könnte sich wundern, wie das möglich war – daß eine so konservative Gesellschaft wie die unsere die Frauen und Mädchen nun bei den Israelis arbeiten ließ. Der Grund war materieller Natur, die Leute dürsteten nach Geld. Da stellt sich die Frage: Sind unsere Sitten von fundamentaler Essenz oder verändern sie sich je nach Situation? Hat das Geld uns ein anderes Verständnis unserer Sitten und Tradition ermöglicht? Verstehe mich nicht falsch – ich bin sehr dafür, daß die Palästinenserin arbeitet. Ich stelle diese Frage und beziehe sie auf uns alle.

*Hat die Palästinenserin sich die israelische Frau als Vorbild genommen?*

Ich weiß es nicht. Ich habe nie bei den Israelis gearbeitet, aber ich glaube nicht. Sicher wird man von einer neuen Gesellschaft beeinflußt. Die Araberin, die ja allgemein durch viele Einschränkungen belastet ist, hat die israelische Frau sicher wegen ihrer Freiheit bewundert. Jetzt, seit der Intifada, arbeitet kaum noch eine Frau bei den Israelis – vielleicht noch fünf Prozent, nicht mehr. Und die, die aufgehört haben, haben sicher keine Arbeit mehr gefunden.

*Sind die Palästinenser dadurch, daß sie keine Heimat, kein Land haben, mehr mit ihrer Familie verbunden?*

Die Palästinenser leben in einer ständigen Paranoia, da durch ihre ganze Geschichte hindurch ihnen immer wieder ihr Land weggenommen wurde. So fixieren sie sich darauf, daß das einzige, was ihnen schwer weggenommen werden kann, ihre Familie ist, außer durch Tötung oder Festnahme. Während der Intifada stärkte sich die Verbundenheit, nicht nur innerhalb der Familie, sondern in der ganzen Gesellschaft. Die Familien halfen einander gegenseitig, man sammelte Kleidung, Geld, Reis, Zucker. Man spürte, daß man nun zusammenhalten mußte. Und noch etwas bleibt: die Bildung. Man findet bei uns einen sehr hohen Prozentsatz an gebildeten Leuten. Studien bestätigen, daß wir – im Verhältnis von Akademikern zur Gesamtbevölkerung – weltweit an dritter Stelle stehen. Die Leute fragen uns immer: „Aber ihr seid doch Flüchtlinge und arm, wie gibt es so etwas?" Die palästinensischen Familien würden alles machen, um ihren Kindern Bildung bieten zu können, weil sie eben überzeugt sind, daß einem alles weggenommen werden kann – außer dem Familienzusammenhalt und der Bildung.

*Erzähle uns über den Begriff „Ehre" und seine Rolle in der palästinensischen Gesellschaft.*

Es gibt hier eine Debatte: Ist mit Ehre die Ehre des Mädchens oder die Ehre der Erde gemeint? Stellst du diese Frage in einem Dorf, kann die Antwort lauten: „Natürlich die Ehre des Mädchens!" Das ist ein großes Problem in allen arabischen Gesellschaften. Deswegen sagen wir, mit Ehre ist die Ehre der Erde gemeint. Denn wenn uns die Ehre der Erde weggenommen wird, ist die Ehre anderer Dinge nicht mehr so wichtig. Doch geschichtlich und religiös gesehen spielt die Ehre des Mädchens eine große Rolle in der palästinensischen Gesellschaft. 1948 hieß es oft: „Schnell, verschwindet, sonst werden eure Töchter vergewaltigt!" Automatisch rief man: „Die Ehre des Mädchens ist in Gefahr! Die Ehre der Familie ist in Gefahr, laßt uns schnell verschwinden!" Doch wir als Palästinenser können es uns nicht leisten, die Ehre des Mädchens über die Ehre der Erde zu stellen. Denn die Ehre der Erde ist die Essenz, und wenn wir diese verlieren, sind wir verloren und können weder die Ehre des Mädchens noch die des Burschen verteidigen. Das Bewußtsein der Menschen ist aber schwer zu verändern.

*Man sagt, die Christen unter den Palästinensern seien gebildeter als die Muslime?*

Das stimmt, aber es gibt Gründe dafür. Die Christen bilden eine Minderheit von 25 Prozent. Ihr Bildungsniveau ist besser, weil sie mehr Unterstützung bekommen, von den Klöstern und auch vom Ausland. Die armen Familien wurden versorgt, man kümmerte sich um sie, ihre Kinder erhielten eine Ausbildung. Beispielsweise sind alle privaten Schulen christlich. Die meisten Christen haben Verwandte im Westen, und das animierte sie wohl, ihren Kindern eine Ausbildung zu bieten, egal, ob Tochter oder Sohn – was bei den Christen hier auch nicht ganz selbstverständlich ist. Denn obwohl wir Christen sind, leben wir doch in einer islamischen Kultur und Gesellschaft.

*Glaubst du, hat die Eingliederung der Frau in den Arbeitsprozeß die Geburtenrate gesenkt?*

Vielleicht. Ich lese gerade eine Studie, die besagt, daß in Jerusalem nur 12 Prozent der verheirateten Krankenschwestern mehr als fünf, die anderen weniger als drei Kinder haben. Die Notwendigkeit der Arbeit und der Bildungsstandard beeinflussen die Senkung der Geburtenrate. Und dieses Phänomen – Bildung kontra hohe Geburtenrate – gibt es auf der ganzen Welt. Das Kinderkriegen hat einen religiösen und einen politischen Aspekt. Politisch gesehen sagen wir Palästinenser: „Wenn wir die Israelis nicht durch Kriege zum Rückzug zwingen, so bringen wir sie durch erhöhte Geburtenraten dazu!" Das ist eine der Hoffnungen, die wir haben. Sogar die PLO meint zur Familienplanungspolitik: „Lassen wir dieses Thema, denn wir wollen, daß die Bevölkerung wächst."

Vom religiösen Standpunkt her kannst du nicht auf die Straßen gehen und um Familienplanung appellieren, um längere Pausen zwischen den Geburten, obwohl der Prophet Muhammad gesagt hat, zwischen einem Kind und dem nächsten sollten mindestens zwei Jahre Pause liegen. Trotzdem findet die Familienplanung nicht viel Akzeptanz. Wie kann man ein Gleichgewicht erreichen? Ich hätte Schwierigkeiten, im Familienplanungskomitee mitzuwirken, weil es auf der einen Seite heißt: „Ja, es ist gut so, bekommt Kinder, denn es ist ein politischer Faktor", doch andererseits wollen wir gesunde Kinder, weil nur gesunde Kinder einen Staat bilden können. Aber wenn du zehn kranke Kinder hast, werden sie kaum etwas dazu beitragen. Es gibt viele Debatten um dieses Thema.

Ich sehe viele arbeitende palästinensische Frauen, die gleichzeitig drei bis fünf Kinder haben. Wie schaffen sie es, das alles zu tragen? Der Druck ist groß. Ich selbst habe drei Kinder und komme kaum zurecht. Trotzdem werde ich ständig gefragt, wann das vierte kommt. Denn drei Kinder sind gar nichts. Die meisten hier haben sechs bis sieben Kinder, also sind drei Kinder sehr wenig. Im Gaza-Streifen haben sie acht bis neun Kinder, drei werden dort als unvorstellbar geringe Anzahl angesehen.

*Wir schaffst du es, zu arbeiten und gleichzeitig genug Zeit für deine Kinder zu haben?*

Ich vernachlässige meine Arbeit ein wenig, und ich vernachlässige meine Kinder ein wenig, das ist offensichtlich. Doch eine Frau, die ihre Arbeit liebt und in ihr aufgeht, wird wahrscheinlich ihre Kinder vernachlässigen – speziell jemand wie wir, jemand, der kämpfen muß. Denn für eine Frau in unserer Gesellschaft ist es nicht einfach, den Standard hochzuhalten. Zum Beispiel an den Universitäten herrscht starke Konkurrenz. Wir haben viele gebildete Leute, und es ist sicher leichter für einen Mann, eine höhere Position anzustreben; als Frau aber mußt du darum kämpfen. Du darfst nicht vergessen, daß die Frau nicht nur in der Arbeit, sondern auch innerhalb der Familie – wenn sie eine hat – Druck erfährt.

*Haben deine Kinder einen Kindergarten besucht?*

Ich arbeitete, als ich meinen ersten Sohn bekam, und als ich ins Ausland ging, um dort weiterzustudieren, bekam ich meinen zweiten Sohn, weil ich dachte: Wenn ich studiere und meine Dissertation schreibe, bin ich sowieso zu Hause. Als mein Mann und ich zurückkamen, hatten wir große Schwierigkeiten, weil wir uns einerseits etablieren wollten und andererseits zwei kleine Kinder hatten, drei Jahre und sechs Monate alt. Ich begann, einen Kindergarten zu suchen, fand aber keinen guten, also litten die Kinder. Als ich meine Tochter bekam, entschied ich mich, jemanden ins Haus zu nehmen. Die ersten eineinhalb Jahre fand ich jemanden. Jetzt geht meine Tochter in den Kindergarten, und die Buben besuchen die Schule. Doch es ist schwer. Ich kann dir ganz ehrlich sagen: Meine Kinder kommen nicht zu ihrem Recht. Und ich leide natürlich darunter. Wir haben viele gebildete Frauen, viele arbeitende Frauen, viele in hohen Positionen, doch die palästinensische Gesellschaft ist nicht darauf vorbereitet. Wir haben keine Kinderkrippen, keine Kindergärten, also nichts, was die Schwierigkeiten dieser Frauen erleichtert und ihnen hilft, ihr Können ganz zu zeigen. Wenn also die Frau im Arbeitsbereich versagt, heißt es: „Siehst du, dein Platz ist daheim", und wenn sie zu Hause versagt, so sagt man: „Siehst du – weil du einen Beruf hast."

Wie soll ich also ein Gleichgewicht finden zwischen Arbeit und Familie? Es müßte Kindergärten geben, wirkliche Kindergärten, nicht das, was wir haben – einen Platz, an dem Kinder für eine Zeit unter Aufsicht eingesperrt sind. Wir brauchen Kindergärten, in denen das Kind sich entwickeln kann, etwas Neues lernt, von denen es ausgeglichen und zufrieden zurückkehrt und wo es gerne wieder hingeht. Wenn ich also nach der Arbeit mein Kind vom Kindergarten abhole und sehe, daß es frustriert und schmutzig und in einem schlechten Zustand ist und ich zusätzlich von der Arbeit erschöpft und müde bin – wie, glaubst du, wird die Beziehung zu meinem Kind sein? Es wird herumbrüllen und ich werde herumbrüllen und wir werden beide frustriert sein. Gut, sagen wir, der Kindergarten ist schlecht; doch abgesehen davon, glaubst du, daß der Zustand, in dem wir leben – die Besetzung, die Intifada –, dazu beiträgt, daß Kinder gesund aufwachsen? Natürlich nicht. Wir werden ständig mit Reizen bombardiert, die uns seelisch fertig und krank machen. Wenn du die palästinensische Gesellschaft betrachtest, siehst du, daß die meisten von uns psychische Hilfe brauchen, weil fast alle Probleme haben.

Sieh dir die Kinder an – den ganzen Tag lang hören sie nur die Sirenen der Polizeiwagen und des Militärs, sie sehen die Krankenwagen vorbeiflitzen, sie bewerfen einander mit Steinen, brüllen einander an und verbarrikadieren die Straßen. Das ist alles, was sie tun, weil es das einzige ist, das sie sehen. Die Eltern sind frustriert, die Kinder sind frustriert. Manchmal kommen ausländische Komitees und fragen: „Wieso helft ihr euren Kindern nicht?" Wie kann ich meinen Kindern helfen, wenn ich selber Hilfe brauche? Es ist ein Teufelskreis, aus dem ich nicht entkommen kann.

*Gibt es keine Institutionen, die – zum Beispiel – versuchen, gute Kindergärten zu gründen?*

Doch, es gibt sie, aber das Problem liegt darin, daß es kein Personal gibt, das diese Aufgabe übernehmen kann. Die Leute müssen trainiert werden. Es ist nicht einfach, qualifizierte Institutionen und Kindergärten zu gründen. Kindergärten gibt es genug, ungefähr 300 bis 400 in der West Bank, aber keine mit den Qualifikationen, die man sich wünschen würde. Es gibt keine Finanzierung, kein Personal und auch nicht die passenden Bedingungen. Für einen Kindergarten braucht man zum Beispiel Land – es gibt viele Kindergärten im dritten oder vierten Stock. Was für eine Art Kindergarten ist das? Das Problem ist komplex und sicher nicht leicht zu lösen.

*Stimmt es, daß die meisten studierten Palästinenserinnen entweder Lehrerinnen oder Krankenschwestern sind?*

Ja, weil das von der Gesellschaft anerkannte Berufe sind. Obwohl du überrascht sein wirst, daß sich dreimal soviel Männer zum Studium dieser Berufe einschreiben, und zwar, weil das Einkommen hoch ist. Die Krankenschwester verdient mehr als der Arzt zu Beginn seiner Arbeit. In unserer Gesellschaft mit der hohen Arbeitslosigkeit und den fehlenden Expansionsmöglichkeiten ist das ein überlebenswichtiger Faktor. Vergleichende Studien über die palästinensische Gesellschaft überraschen immer wieder durch den hohen Anteil an männlichem Krankenpflegepersonal. Es ist ein sicherer und guter Beruf. Wir haben natürlich auch viele Ärztinnen, doch das wichtigste ist einmal, bis zur Universität zu kommen. Vor allem während der Intifada ist es schwierig geworden, weil viele Eltern aus Angst um die Sicherheit ihrer Töchter diese so früh und so schnell wie möglich zu verheiraten suchen. Die Zahl der Ehen und auch der Scheidungen nahm während der Intifada zu.

*Glaubst du, daß es ohne Veränderung der sozialen Strukturen zu einer nationalen Befreiung kommen kann?*

Wenn wir eine Veränderung haben wollen, so muß sie fundamental sein. Was wir brauchen, ist eine totale Rekonstruktion der Gesellschaft auf allen Ebenen – und wie können wir das erreichen? Nur indem Männer und Frauen gemeinsam daran arbeiten. Denn wenn die Männer ihre eigenen Pläne haben und die Frauen zurückgelassen werden, wenn die Pläne der Frau nicht in die Pläne des Staates integriert sind, dann kann er nicht funktionieren. Wenn also die nationalen Pläne Früchte tragen sollen, muß auch an den sozialen Plänen gearbeitet werden, und sie müssen gemeinsam entwickelt werden. Willst du eine gesunde Gesellschaft aufbauen, mußt du gesunde Frauen haben, und das verlangt viele Kompromisse von der ganzen Gesellschaft und von den Frauen und Männern im speziellen. Denn wir selbst sind unsere schlimmsten Feindinnen. Ich möchte nicht alle Schuld den Männern geben. Wir Frauen geben uns selbst keine Chance, vor allem in dieser Umgebung, in der wir leben – zwischen links, rechts und liberal, zwischen religiös und areligiös und so weiter. Das ist keine gesunde Situation. Wir Frauen müssen einen Kompromiß eingehen, jede auf ihrer Seite, sodaß wir zu einer Einigung kommen. Ich kann anderen nicht meine Gedanken und Ideen aufzwingen – jeder ist frei, so zu denken, wie er will –, aber ich kann auch nicht gezwungen werden, eine andere Meinung anzunehmen. Doch wir müssen einen Kompromiß finden, und die Frauen müssen den Frauen helfen. Vor einem Jahr zum Beispiel kandidierte in Jordanien eine Frau für das Parlament. Diejenigen, die sie am meisten bekämpften, waren Frauen. Sie bekam also nicht einmal die Unterstützung der Frauen. Wie sollten dann Männer sie unterstützen, wenn es nicht einmal die Frauen taten? Wir haben noch einen langen und schwierigen Weg zu gehen.

*Was ist dein Wunsch im Leben?*

Ich möchte so leben wie jedes andere menschliche Wesen. Die einzige Möglichkeit eines besseren Lebens ist das Ende der Besetzung. Ich sage nicht, daß dann alles rosig sein wird, es ist möglich, daß es sogar schlimmer kommt, aber zumindest weißt du, daß die Besetzung zu Ende ist, und wenn du unterdrückt wirst, wirst du von deinen eigenen Leuten unterdrückt. Und dann kann sich alles entwickeln. Wie, ist mir egal – und wenn es zu einem islamischen Staat kommt, so ist das für mich in Ordnung. Ich werde in diesem Staat leben, und wenn ich es nicht mag, so kann ich auswandern, aber zumindest lebe ich nicht unter dem Streß der Okkupation. Wir und unsere Kinder leben seit 25 Jahren unter der Besetzung – also fast unser ganzes Leben, und ich glaube, es reicht. Wenn die Okkupation zu Ende geht, gibt es viel Arbeit in dieser Gesellschaft. Denn das Trauma, das die Menschen hier erlebt haben, ist keine einfache Sache. Wir essen, wir ziehen uns an, aber das ist nicht die Definition für Leben. Die Definition von Gesundheit ist nicht das Nichtvorhandensein von Krankheit. Du mußt psychisch und physisch gesund sein, und wir sind eine sehr kranke Gesellschaft.

## Magida

*Magida ist 26 Jahre alt und Journalistin bei der größten arabischen Tageszeitung. Sie ist seit einem Jahr mit einem Journalisten verheiratet und lebt mit ihm in der Altstadt Jerusalems. Magida hat eine leise, weiche Stimme, sie wirkt zerbrechlich und sensibel – ein aufrechter und ehrlicher Mensch, der noch Träume und Ideale besitzt.*

*Wo bist du geboren, Magida?*

Ich bin in Jerusalem geboren. Meine Eltern lebten im jüdischen Viertel in der Altstadt. Dann zogen wir auf den Ölberg.

*Wieviel Geschwister hast du?*

Ich bin die älteste von fünf Schwestern und habe noch vier Brüder.

*Magida, erzähle mir ein wenig von deiner Kindheit.*

Ich erinnere mich, mehr bei meinen Großeltern mütterlicherseits gelebt zu haben als bei meinen Eltern. Vielleicht, weil ich das erste Enkelkind war. Man erzählte mir, daß ich zwei bis drei Wochen bei ihnen blieb und erst dann wieder nach Hause kam.

*Leben deine Großeltern noch?*

Meine Großmutter ja, mein Großvater ist an Krebs gestorben. Ich war noch nie in meinem Leben so traurig wie anläßlich seines Todes. Er war etwas ganz Besonderes für mich. Unsere Beziehung war die von Freunden. Wir gingen oft gemeinsam aus und machten Ausflüge. Der Sonntag, sein freier Tag, war für uns ein besonderer Tag. Sonntags arbeitete niemand von uns, wir nutzten den Tag für Ausflüge und Zusammenkünfte und besondere Besuche. Ich halte bis jetzt an dieser Tradition fest. Als ich zu arbeiten begann, sagte ich, daß ich den Sonntag frei haben wollte. Besondere Feste, etwa meine Verlobung, feiere ich sonntags. Der Sonntag hat viele Erinnerungen für mich, die ich mein ganzes Leben lang behalten möchte.

*Lebt deine Großmutter jetzt allein?*

Nein, sie lebt mit meinen Onkeln zusammen, die alle verheiratet sind und bei ihr im Haus leben. Das Haus ist sehr groß. Auch meine Eltern leben bei ihr.

*Wer kümmerte bei sich euch um den Haushalt?*

Erst lebten meine Eltern allein, doch mein Großvater bat sie, bei ihnen zu wohnen, da er mich bei sich haben wollte. Also zogen wir zu ihnen. Meine Onkel waren damals noch unverheiratet. Jeder bekam eine Wohnung im Haus. Meistens kochte meine Großmutter, und wir aßen gemeinsam.

*Was hat dein Vater gearbeitet?*

Mein Vater besaß einen Supermarkt. Vorher arbeitete er in Kuwait, wo er Rohre unter dem Meeresspiegel verlegte. Seine Eltern baten ihn, wieder zurückzukommen, denn sie wollten ihn um sich haben. Also kam er zurück. Er verlobte sich mit meiner Mutter und eröffnete ein großes Nahrungsmittelgeschäft. Er hatte in Kuwait gut verdient. Bis 1985 war er Besitzer dieses Supermarktes, dann kamen die Steuererhöhungen, die das Geschäft ruinierten. Israelische Steuerfahnder fanden die Geschäftsbücher, in denen die Leute registriert waren, die zwar Ware nahmen, aber nicht sofort bezahlten. Die Behörden gingen davon aus, daß das alles Gewinne wären, und versteuerten sie als solche, obwohl mein Vater ihnen den Sachverhalt erklärte. Erst sperrten sie ihn für eine Woche ein, doch die Handelskammer konnte ihn wieder herausholen. Dann wurde er vor Gericht gebracht und erhielt eine Strafe von ungefähr neun Millionen Schekel. Also begann er, die Ware im Geschäft zu verkaufen, um die Schulden zu decken. Er war dazu gezwungen, weil das Gericht es so angeordnet hatte. Jeden Monat mußte er 1.500 Schekel zurückzahlen. Er verkaufte das Warenlager und deckte damit die Schulden ab. Es gab kein Einkommen mehr, und sein Kapital war dahin. Zuletzt besaß er gar nichts mehr. Mein Vater war dann drei Jahre lang krank, und sein Haar ergraute plötzlich. Wir alle litten darunter, und unsere Situation verschlechterte sich schnell. Erst ging es uns finanziell so gut wie kaum jemandem anderen, und plötzlich war alles weg. Wir mußten uns an diese neue Situation gewöhnen, was nicht einfach war.

Nach drei Jahren Krankheit begann mein Vater als Kellner in einem Hotel bei den Israelis zu arbeiten. Er zahlt immer noch an den Steuerschulden. Weil die Zinsen selbst zu einer hohen Summe angewachsen sind, hat er keine Möglichkeit zur Rückzahlung mehr.

*Wie hat deine Mutter die Situation gemeistert?*

Meine Mutter mußte alles aushalten, weil sie die Kinder hatte. Wir waren damals acht Kinder, meine kleine Schwester war noch nicht geboren. Meine Mutter mußte darauf sehen, daß alles einigermaßen funktionierte, und meinem Vater helfen, obwohl er noch mit einer anderen Frau verheiratet ist. Er heiratete eine zweite Frau, nachdem meine Mutter zwei Mädchen zur Welt gebracht hatte, mich und meine erste Schwester. Seine Mutter sagte ihm: „Du hast viel Geld, und deine Frau scheint nur Mädchen zur Welt zu bringen, also mußt du eine andere dazuheiraten, damit du Knaben bekommst." Also heiratete er noch einmal, doch seine andere Frau bekam vier Mädchen nacheinander und erst als fünftes Kind einen Sohn. In der gleichen Zeitspanne bekam meine Mutter vier Söhne. Die zweite Familie meines Vaters lebt in einem anderen Haus, nicht mit uns. Zu seinen anderen Kindern besteht eine Verbindung, da wir ja einen gemeinsamen Vater haben, aber wir sehen uns nur an Festtagen. Tägliche Besuche und Kontakte gibt es nicht. Wenn jemand von ihnen oder von uns in der Schule eine Prüfung bestanden hat, sich verlobt oder, Gott behüte, erkrankt, besuchen wir einander.

*Wie ist das für dich, daß dein Vater auch mit einer anderen Frau verhei-*

*ratet ist? Kannst du dir vorstellen, mit einem Mann verheiratet zu sein, der eine zweite Ehefrau hat?*

Das wäre für mich unmöglich. Ich kann auf vieles verzichten, aber das ist für mich unvorstellbar. Vielleicht konnte man das früher eher akzeptieren. Oder man kann es, wenn einen acht Kinder verbinden. Doch es gibt genug Frauen, die ihren Mann trotz der Kinder verlassen, wenn er eine zweite Frau heiratet. Früher war es fast obligatorisch, mehr als eine Frau zu haben – ein Symbol für Männlichkeit oder ein Zeichen von Reichtum. Heutzutage kann man gerade eine einzige Familie gründen. Eine dreiköpfige Familie kommt gerade recht und schlecht über die Runden. Die Lebenshaltungskosten sind in den letzten zehn Jahren um mehr als 100 Prozent gestiegen. Was meinen Vater betrifft, so sagen ihm meine Schwester und ich oft, daß es nicht richtig war, eine zweite Frau zu heiraten. Doch er antwortet, daß die Zeiten damals es erlaubten und er nicht anders handeln konnte. Erst spürte mein Vater die Verantwortung für zwei Familien nicht so sehr, denn er konnte es sich leisten, doch als alles zusammenbrach, merkte er erst, was er getan hatte.

*Magida, was hast du nach dem Abitur gemacht?*

Ich wollte Stewardeß werden, doch das war unmöglich, und außerhalb des Landes zu studieren, kam nicht in Frage. Meine Eltern hatten viel zu viel Angst um mich, weil ich eben ein Mädchen und noch dazu die Erstgeborene war. Niemand aus der Familie stand mir bei oder ermutigte mich, außer meinem Großvater. Er wäre sogar mit mir ins Ausland gefahren, wenn es hätte sein müssen. Doch dann erkrankte meine Mutter, und ich pflegte sie. Du weißt, als Älteste trägt man die meiste Verantwortung. Mein Großvater bestand darauf, daß ich studierte. Also inskribierte ich Publizistik an der hebräischen Universität in Jerusalem. Es war etwas ungewöhnlich – eine Araberin an einer israelischen Universität. Doch du weißt ja, wie schwierig die Situation an den arabischen Universitäten ist. Du gehst einen Tag auf die Uni, um wieder zehn Tage zu Hause zu bleiben, weil sie vom Militär gesperrt wird. Da die israelische Universität teuer war, mußte ich gleichzeitig arbeiten und studieren. Ich volontierte bei der arabischen Zeitung „Al-Nahar", wo ich bis heute geblieben bin. Sie waren sehr verständnisvoll – wenn ich vormittags Vorlesungen hatte, konnte ich nachmittags arbeiten und umgekehrt.

Anfangs war es nicht einfach für mich, weil alle Vorlesungen und Bücher in hebräischer Sprache waren. Erst verstand ich kaum etwas, obwohl ich in der Schule Hebräisch gelernt hatte. Ich nahm dann Intensivkurse. Außerdem half die ständige Verwendung der Sprache, sie bald fließend zu beherrschen. Es gab eine kleine Gruppe von arabischen StudentInnen, doch alle stammten aus dem Inneren des Landes, niemand aus meiner Region. Wir halfen uns gegenseitig, wo wir konnten, die Ältersemestrigen besonders in der Bibliothek. Alle Studenten waren sehr nett zueinander, und es gab zwischen Arabern und Israelis vorurteilslosen Kontakt.

Natürlich kam es zu Situationen, wo man den Unterschied spürte. Ich werde auch nie die Worte eines Studienkollegen vergessen, der meinte: „Alles ist gut an dir, nur leider bist du eine Araberin!"

Er sagte das, nachdem ich vor einigen Studenten über den Islam und den Koran erzählt und Vergleiche zur Thora gezogen hatte. Er unterstellte mir, ich wollte überzeugen, obwohl ich ihm sagte, ich sei nicht als Missionarin hier, sondern hätte nur eine Frage beantwortet.

Manchmal geschehen Kleinigkeiten, die aber sehr verletzen, wie zum Beispiel, als ich einmal zehn Minuten zu spät zur Vorlesung kam und der Professor erklärte, ich könnte jetzt nicht mehr teilnehmen und müßte draußen bleiben. Eine Woche später passierte das gleiche einer jüdischen Studentin – ihr erlaubte er zu bleiben. Manchmal wußte ich nicht genau, ob das wirklich deswegen geschah, weil ich Araberin bin.

Manchmal kam es zu heißen Debatten zwischen arabischen und israelischen Studenten. Es gab nur wenige, die die Größe hatten, neutral und objektiv zu bleiben. Im großen und ganzen genoß ich die Zeit als Studentin, obwohl sich meine Freunde wunderten, wie ich mit den israelischen Studenten so gut auskommen konnte. Natürlich war meine Beziehung zu ihnen auf die Universität beschränkt, außerhalb ging jeder seine eigenen Wege. Manchmal, wenn es regnete oder kalt war, wurde mir eine Mitfahrgelegenheit angeboten, aber das konnte ich schon aus Angst um den Fahrer nicht annehmen, denn wenn wir in ein arabisches Viertel gekommen und mit Steinen beworfen worden wären, hätte ich mich verantwortlich gefühlt. Du darfst nicht vergessen, daß ich während einer sehr schwierigen Zeit studierte, nämlich während der Intifada.

*Habt ihr an der Universität auch über Politik gesprochen?*
Ja, sehr viel sogar. Der Studentenverband war sehr aktiv. Schön war, daß die Zugehörigkeit zu einer politischen Partei ausschlaggebend war und nicht die ethnische Gruppe. Es gab viele verschiedene Parteien, darunter auch die „Hadash", die für die Gleichberechtigung von Juden und Arabern eintrat. Doch es war nur eine kleine Partei. Ich hatte immer das Gefühl, es sei ihnen mit der Gleichberechtigung nicht ganz ernst. Denn genauer betrachtet waren sie wie alle anderen davon überzeugt, daß ihnen dieses Land von Gott versprochen wurde. Diese Einstellung habe ich bei allen Juden gefunden. Manche sagen: „Studiere und arbeite, heirate und bekomme Kinder, baue sogar ein Haus, aber zuletzt wirst du auf alle Fälle dieses Land verlassen müssen."

So etwas hörst du nicht von konservativen oder orthodoxen Juden, denn die sagen dir ins Gesicht, daß du dich sofort wegscheren sollst, sondern es sind die Liberalen und sogenannten Sozialisten, die dir so etwas sagen. Es ist traurig, wenn gebildete junge Menschen trotz Bildung, trotz erwarteter Offenheit intolerant und chauvinistisch sind. Im allgemeinen sind die Israelis an vielen Dingen interessiert, die uns betreffen. Ich staunte oft über die große Anzahl jüdischer StudentInnen, die arabische Geschichte, die arabische Sprache oder den Islam studieren. Nach dem Studium besetzen sie dann Posten, die mit unserer Geschichte und Sprache zu tun haben. So ist etwa die Direktorin des Islamischen Museums eine Israeli, obwohl es viele Araber gibt, die diesen Posten besser ausfüllen könnten als sie. Sie reist auf Vorträge und Kongresse und erzählt über unsere Geschichte. Ich weiß das, weil ich mit ihr befreundet bin. Sie macht ihre Arbeit gut, und ich bewundere sie dafür.

*Was hast du nach dem Studium gemacht?*
Ich blieb weiterhin bei derselben Zeitung, doch in einer anderen Position. Zuerst war ich Sekretärin, dann war ich zuständig für sechs Seiten in der Zeitung, und zwar für die Themen Frau, Tradition, Kind, Kunst und „Spezialberichte der Nahar-Zeitung". Doch diese Arbeit interessierte mich nicht sehr. Ich wollte selbst Berichte schreiben und selbst auf die Straße gehen. Als mein Vorgesetzter das merkte, schlug er mir vor, Reporterin zu werden. Es gab damals eine heiße Diskussion über Steuern für eine arabische Kleinstadt namens Bet Sahur in der West Bank. Ich machte die Recherchen und brachte die nötigen Informationen. Als die israelische Armee ein paar Häuser in der Altstadt annektierte, schrieb ich auch darüber.

Natürlich war mein Leben wegen der Situation im Land mehrmals in Gefahr. In Bet Sahur wäre ich fast erschossen worden. Nach dem Freitagsgebet kamen die Gläubigen aus der Moschee und demonstrierten gegen die Steuergesetze. Ich war zufällig dort, weil ich auf das Gemeindeamt wollte. Als das Militär kam und auf die Demonstrierenden schoß, fotografierte ich die Szenen. Wohlweislich vertauschte ich den Film und gab eine leere Rolle in die Kamera, denn, wie erwartet, wurde ich von der Armee aufgehalten, der Film wurde konfisziert. Ich wollte lachen, hielt mich aber zurück. Der Soldat wunderte sich und fragte, wieso ich mich nicht ärgerte. Ich antwortete, es gäbe genug andere, die die Szenen mitgefilmt hätten.

In Bet Sahur haben sich viele Tragödien abgespielt. Da viele die Steuern nicht bezahlen konnten, wurde fast all ihr Hab und Gut aus den Häusern getragen. Wer nichts hatte, wurde eingesperrt. In vielen Häusern fand ich nur mehr die Frauen vor, weil alle Männer mitgenommen worden waren – ein trauriger Anblick. Als ich über die Beschlagnahmung von Häusern in der Altstadt recherchierte, sah ich Wohnungen, die Gräbern glichen; Wohnungen ohne Fenster, in die man hinuntersteigen mußte. In einem winzigen Raum lebten mehr als zehn Personen. Ich hätte nicht gedacht, daß Menschen so leben können. Ich habe während meiner Recherchen viel

Schreckliches gesehen. Zuletzt wurde ich wegen meiner Arbeit von der Regierung observiert. Wo immer ich hinging, folgten mir Zivilstreifen. Mein Vorgesetzter sagte, ich müsse wohl eine Pause einlegen und einstweilen in einem anderen Bereich tätig sein. Eigentlich wurde ich von zwei Seiten beobachtet – einerseits von der Regierung, andererseits wurde ich verdächtigt, mit den Israelis, die ich interviewte, zu paktieren. Auch daß ich an der hebräischen Universität studierte, machte mich suspekt, vor allem, weil das alles während der Intifada geschah, zu einer Zeit also, als alle besonders mißtrauisch waren. So arbeitete ich wieder am Computer. Mittlerweile habe ich eher das Gefühl, daß ich EDV studiert habe. Ich kann fast alles reparieren, und ich muß sagen, es macht mir Spaß.

*Wie hast du deinen Mann kennengelernt?*

Ich habe lange mit ihm zusammengearbeitet. Unsere Beziehung war die von Kollegen, eigentlich recht formal. Wenn ich spät dran war, übernahm er oft meine Arbeit und half mir. Wenn ich einkaufte, brachte ich ihm auch etwas mit. Eines Tages wurde ich krank und blieb eine Woche zu Hause. Er übernahm meine Arbeit und besuchte mich auch daheim. Er rief täglich an. Erst dachte ich, er wollte wissen, wann ich wieder arbeiten könnte. Als ich wieder kam, entschuldigte ich mich, daß ich ihm so viel Arbeit gemacht hatte. Doch er meinte, es ginge ihm nur darum, daß ich gesund würde, und daß wir doch Freunde seien. Er hatte recht – durch unsere gemeinsame Arbeit war eine die formalen Floskeln übersteigende Beziehung daraus geworden. Eines Tages fragte er mich, ob ich eine Beziehung zu jemandem hätte. Ich verneinte. Ich hatte auch früher, zu meiner Studienzeit, keine Beziehung. Das hören die Männer hier sehr gerne. Wenn das Mädchen vor ihnen einen Mann kannte, dann lassen sie gerne die Finger von ihr. Eine Woche später hielten seine Eltern bei meinen für ihn um meine Hand an. Ich war überrascht, obwohl er mich vorher gefragt hatte, ob ich mich mit ihm verloben wollte, und ich ja gesagt hatte. Ich rechnete nicht damit, daß er so schnell reagieren würde.

*Wie ist die Stellung der Frau in der palästinensischen Gesellschaft?*

Ich glaube, daß jetzt eine gewisse Gleichberechtigung besteht. Etwa in meinem Arbeitsbereich: Eine Frau kann dort ohne weiteres eine höhere Position einnehmen als ein Mann; wichtig ist, daß sie geeigneter ist. Als weiteres Beispiel kann man Hanaan Ashrawi nennen. Sie war Professorin für Anglistik an der Bir Zeit-Universität und wurde dann Sprecherin der palästinensischen Delegation bei den Friedensgesprächen. Das ist natürlich ein Beweis ihrer starken Persönlichkeit, und sie wird für die Klarheit und Stärke ihrer Rhetorik allgemein bewundert. Es gibt heute viele palästinensische Frauen, die ganz ihren „Mann" stehen, in fast allen Gesellschaftsbereichen. Früher hast du kaum über Aktivitäten von Frauen gehört. Jetzt werden die meisten Organisationen und Verbände von Frauen gegründet, die meisten Versammlungen und Demonstrationen, ob legal oder illegal, werden von Frauen organisiert.

Die Frau hat auch durch die Intifada mehr gelitten. Das veranlaßte sie, die Dinge selbst in die Hand zu nehmen. Viele Frauen haben ihre Männer, Söhne, Brüder oder Väter verloren. Sie mußten ganz einfach aufstehen und sich an der Bewegung beteiligen. Wenn etwa dein Bruder getötet wurde, dann beteiligst du dich zumindest an einer Demonstration, drückst deine Meinung aus. Früher waren die Frauen meist zu verschämt, um bei öffentlichen Meinungsumfragen etwas zu sagen, nun aber beantworten sie dir jede Frage ehrlich und ohne Scheu. Sie sind sich jetzt ihrer eigenen Stärke mehr bewußt, und das hat uns die längste Zeit gefehlt. Die Frauen machen sich über ihre Zukunft Gedanken, darüber, was mit ihnen und ihren Kindern passieren soll. Ich zum Beispiel lebe sehr einfach und bescheiden mit Abd, meinem Mann, meiner Schwiegermutter und ihrer Tochter. Ich habe die Situation jetzt akzeptiert, wie sie ist, mit diesen einfachen Verhältnissen, weil ich verständnisvoll genug bin, um zu warten, doch in Zukunft soll sich das ändern. Wenn Abds Brüder nach dem Studium wieder nach Palästina zurückkehren und ein Mann im Haus ist, können wir ausziehen. Deswegen möchte ich jetzt nur ein Kind und nicht mehr. Das bedeutet nicht, daß ich hier unglücklich bin, im Gegenteil: Meine Schwiegermutter ist eine wunderbare Frau, aber es ist eben keine endgültige Situation für mich. Abd kennt meine Einstellung. Wir sitzen oft zusammen und denken laut nach. Ich mag nichts vor ihm verstecken.

*Was hast du für Ziele im Leben, Magida?*
Ich würde gerne Chefredakteurin einer Zeitung sein und über wirklich wichtige Themen schreiben; nicht, um mir einen Namen zu machen, nein, das könnte ich auch jetzt, sondern um den Menschen Dinge näher zu bringen, die wichtig für sie sind.

Ich würde gerne einen Klub für Frauen gründen, weil uns so etwas fehlt – ein Platz, wo Frauen hingehen können, um andere Frauen zu treffen und kennenzulernen. Damit die Frau außer Haus geht, redet, neue Dinge sieht und aus ihrem Kokon herauskommt. Ich würde mir so etwas sehr wünschen, denn die Meinung, daß sich Ausgehen für eine Frau nicht schickt, besteht noch immer.

## Suhad

*Suhad ist Biologin, 30 Jahre alt, ledig und lebt mit ihrer Mutter und ihren Schwestern in dem Dorf Bir Zeit in der West Bank. Sie ist eine schlanke Frau mit einer tiefen Stimme. Ihr zartes Gesicht wird von kurzem, vollem Haar umrahmt. Sie hat eine stolze Haltung und strahlt eine Mischung von Disziplin, Zuversicht und Wärme aus.*

*Hat sich die Rolle der Frau durch die Intifada verändert?*
Wir leben in einer Gesellschaft, in der die Frau nicht so voll genommen wird wie der Mann. Diese Einstellung gibt es auch bei den Israelis und hat sich interessanterweise auf die von ihnen aufgestellten Restriktionen ausgewirkt. So durften die Männer während der Intifada nicht nach Jordanien reisen, doch wir Frauen schon; die Männer durften während des Ausgangverbots nicht außer Haus, doch wir durften. Somit wurde der Mann an vielem gehindert, was dann prompt die Frauen übernahmen. Männer wurden streng kontrolliert und konnten daher nichts Wichtiges bei sich tragen, keine Broschüren, Kundmachungen oder Berichte. Die Frauen wurden – da man ihnen nichts zutraute – nicht kontrolliert. Sie waren in vielen Bereichen tätig, in denen die Männer unfähig waren.

Die israelische Okkupation hat indirekt zu dieser Stärkung der weiblichen Position beigetragen. Sie nahmen uns Frauen nicht ernst. Ich war oft dabei, wenn israelische Soldaten an Kontrollposten die Männer aussteigen ließen, sie kontrollierten und durchsuchten, ihre Ausweise einzogen oder sie nicht vorbeiließen, während ich höchstens meinen Ausweis vorzeigen mußte, aber nie kontrolliert oder durchsucht wurde. Ich hätte alles mitnehmen können.

Auch der Kontakt mit dem Ausland war wichtig. Die Männer durften nicht verreisen, und die wenigen, denen es doch möglich war, wurden extrem streng kontrolliert und durften erst nach neun Monaten beziehungsweise drei Jahren wieder ins Land einreisen; abgesehen davon mußten sie über vierzig Jahre alt sein. Wer also reiste und stellte den Informationsfluß zwischen In- und Ausland her? Die Frauen! Denn Frauen jeden Alters durften jederzeit verreisen. Sie kümmerten sich auch um die Verwundeten. Ihre Rolle war also so wichtig, daß die Männer und die Gesellschaft sie einfach nicht mehr übersehen und ignorieren konnten. Niemand fragt mehr seine Tochter: „Wo gehst du nach der Schule hin?“ oder „Wieso kommst du so spät nach Hause?“ Alle wissen, daß Mädchen und Frauen bei diesem Aufstand eine wichtige Rolle spielen.

Mittlerweile sind die Frauen stärker und besser organisiert als die Männer. Unter den Männern gibt es Meinungsverschiedenheiten und Spaltungen, bei den Frauen kaum. Sie konnten somit mehr erreichen und Aktivitäten besser ausführen. Und da die Frauen leichter reisen konnten, waren sie diejenigen, die auf Kongressen ihr Volk repräsentierten. Endlich konnte die palästinensische Frau ihre Fähigkeiten unter Beweis stellen. Früher war es nicht üblich – vor allem am Land –, daß ein junger Mann mit einem Mädchen sprach, doch jetzt, wenn zum Beispiel bei einer Demonstration ein junger Mann angeschossen wurde, wer kam und half ihm? Die anderen Männer und Burschen konnten nicht, denn sie wären sofort von der Armee gefangengenommen worden, also flohen sie. Es waren die Mädchen, die kamen und halfen. Wenn die israelische Armee einen Burschen festnahm, stürzten sich die Frauen auf ihn und schrien: „Laß ihn los, das ist mein Sohn!“ oder „Das ist mein Bruder!" Dadurch bekamen sie immer wieder bedrohte Burschen frei. In den Städten waren es die Mädchen und Frauen, die Steine sammelten und in den Hauseingängen oder anderswo versteckten, damit die Burschen damit werfen konnten. Die Trennung zwischen Burschen und Mädchen verschwand. Es kam zu einem starken Gefühl der Verbundenheit, vor allem zu Beginn der Intifada.

Die Rolle der Frau hat sich stabilisiert. Niemand kann sie mehr zurück ins Haus drängen. Ein Beispiel dafür ist die Friedensdelegation, an der zwar nur wenige Frauen direkt beteiligt sind, doch in den Entscheidungskomitees sind es viele. Die Frauen haben sich diese Position hart erarbeitet. Es gibt viele Wohltätigkeitsorganisationen, die denjenigen Familien helfen, deren Männer getötet oder eingesperrt wurden. Sie geben ihnen Möglichkeiten, ihren Unterhalt selbst zu verdienen, indem sie ihnen zum Beispiel ihre Stickereien abkaufen. Ich finde es falsch, einer Bedürftigen Geld zu geben, weil ihr Mann im Gefängnis oder Intifada-Aktivist ist und daher keine Zeit hat. Die Revolution ist kein Beruf, sondern eine Berufung. Doch wir können nicht ignorieren, daß es Bedürfnisse gibt. Den Familien der Gefangenen muß geholfen werden, aber nicht mit Geld, sondern durch eine bezahlte Tätigkeit.

*Wieso verschleierten sich während der Intifada immer mehr Frauen?*
Es stimmt, daß die Verschleierung – wie auch die islamische Bewegung allgemein – zugenommen hat. Das ist aber nicht auf die Intifada zurückzuführen. Die Verschleierung begann nach dem Golfkrieg gegen den Irak. Vor der Intifada machte das palästinensische Volk eine lange Periode der Depression durch. 1948 und 1967 waren zwei traurige Daten in der Geschichte Palästinas, und nichts geschah, die Menschen blieben stumm, Hilflosigkeit machte sich breit. Alle arbeiteten bei den Israelis, die überall zugegen waren. Als die Intifada anfing, hatten die Palästinenser Mut, ihren Unwillen zu zeigen, und sie spürten, etwas würde geschehen. Die Intifada war im ersten Jahr am stärksten. Die Leute dachten: „Wir werden etwas erreichen! Entweder wir sterben, oder wir werden endlich leben!" Doch die Jahre vergingen, und es kam zu keiner Lösung. Dann kam der Golfkrieg, und die Leute sagten wieder: „So,

jetzt wird sicher etwas passieren und eine Lösung erreicht werden! Entweder wir bekommen einen eigenen Staat, oder wir sterben!" Als die Leute sahen, wie die arabische Welt ohne Einheit reagierte, wurden sie mutlos und meinten: „So, jetzt ist es aus! Wir können uns weder auf die Araber verlassen, noch gibt es eine Politik, die uns unser Land zurückgibt." Die nationalen Gefühle ließen besonders nach, als ein arabisches Land ein anderes attackierte. Die Menschen sagten sich: „Wer wird schon zu uns Palästinensern stehen und uns helfen, die wir nichts besitzen, was für den Rest der Welt von Wert wäre?"

Wir haben immer erwartet, daß die arabische Welt uns helfen würde. Jede arabische Regierung hat in unserem Namen die Fahnen gehißt und die Faust geballt und immer von der Befreiung Jerusalems gesprochen, des heiligen Jerusalems. Doch es war nur Gerede. Im Endeffekt halfen uns weder die Intifada noch die arabischen Staaten noch der Rest der Welt oder die UNO. Kuwait wurde innerhalb kürzester Zeit befreit, doch unser Problem ist schon Jahrzehnte alt, und niemand kümmert sich wirklich darum. Die religiöse Bewegung wurde stark, weil die Leute spürten, daß es sonst nichts mehr für sie gab. Deswegen verstärkten sich die Verschleierung und die Religiosität. Ich sage dir: Nur wir selbst können uns befreien, durch unsere eigene Arbeit und unsere eigenen Hände. Wir haben zwar kaum Möglichkeiten, doch wir müssen etwas tun.

*Welche Lösungen siehst du?*

Unser Ziel ist, und dafür kämpfen wir, zu spüren, daß wir ein Volk sind, das seine eigene Autorität besitzt. Ich spüre, daß ich viele Fähigkeiten und Energien habe, mit denen ich viel anfangen könnte. Doch ich habe keinen Bereich, in dem ich sie ausüben könnte. Ich bin froh, daß es die Universität gibt, an der ich studieren und lernen kann, und auch einen Beruf, durch den ich etwas beitragen kann. Doch im großen sind mir die Hände gebunden. Die israelische Regierung ist nicht daran interessiert, einer Palästinenserin zu helfen. Daß wir keinen eigenen Staat haben, beeinflußt unser Leben sehr und behindert die Entwicklung.

Unser Gesundheitswesen ist sehr schlecht. Die Hälfte der Patienten stirbt, weil sie keine medizinische Hilfe bekommt – weil wir keinen Verwaltungsapparat haben und keine Gesetze; das wurde zum Teil in der Intifada ausgenützt. Manche taten im Namen der nationalen Befreiung viel für ihre private Sache und zogen persönlichen Profit daraus. Wir möchten eine eigene Verwaltung für unser Land; wir möchten wählen können, wie unsere Zukunft aussehen, was für ein politisches System herrschen, wie unsere Regierung aussehen soll. Wir möchten unsere eigene Kultur aufbauen können und nicht länger ein verstreutes Volk sein. Wenn wir ein Land haben und eigene Behörden, dann können wir dem Ausdruck geben und beweisen, was Palästina ist. Daher bin ich einverstanden, wenn wir jetzt den Gazastreifen, Ost-Jerusalem und die West Bank als Land für den Staat Palästina bekommen.

*Wie hilft sich das palästinensische Volk, wie kompensiert es das Fehlen staatlicher Autorität?*

Durch gegenseitige Unterstützung. Auf jedem Sektor gibt es einen Bund – etwa den Ärztebund, an den man sich bei medizinischen Fehlleistungen wenden kann und der natürlich eine gewisse Autorität auf die Ärzte ausübt. Es gibt Volkskomitees, in denen alle Bünde vertreten sind. Da wir keine Polizei haben oder irgendeine andere Form der Exekutive, versuchen die Bünde, die Volkskomitees und die politischen Organisationen, anstehende Probleme zu lösen.

*Suhad, du bist nicht verheiratet. Wie wirkt sich das für dich in einer traditionellen Gesellschaft aus?*

Es ist in unserer Gesellschaft für eine dreißigjährige Frau schon ungewöhnlich, nicht verheiratet zu sein, doch ich fühle mich nicht ausgeschlossen. In meiner Kultur ist es obligatorisch zu heiraten, doch für mich persönlich nicht. Ich lebe mein Leben, wie ich will.

Wir haben in unserer Gesellschaft viel erreicht, nur in einem Punkt nicht: als Ehefrauen. Viele Männer sind wunderbare Kollegen und Gesprächspartner. Man kämpft gemeinsam, hilft sich gegenseitig und hat ähnliche Meinungen. Doch wenn du die Ehefrau bist, sollst du zu Hause sein, kochen und dich um die Kinder kümmern. Das wird deine wichtigste Rolle. Das möchte ich nicht. Ich möchte nicht einen Mann haben, der öffentlich seine Kolleginnen als gleichberechtigte Partnerinnen behandelt, der öffentlich zugibt, daß Frauen gleichberechtigt sind, meist mehr leisten als Männer, doch daheim von seiner Ehefrau verlangt, daß sie sich nur um sein Wohlbefinden, den Haushalt und die Kinder kümmert.

Früher war es eine Schande für die Frau, arbeiten zu gehen, doch jetzt, in unserer schwachen ökonomischen Lage, ist es wichtig, daß die Frau arbeitet. Die Männer sind einverstanden, da sie ja finanziell profitieren. Doch wenn die Frau von der Arbeit heimkommt, soll sie auch die Hausarbeit übernehmen, was Doppelbelastung bedeutet, weil der Mann nicht zur Mithilfe bereit ist.

*Wird also die Ehe als wichtigstes Lebensziel der Frau angesehen?*

Nein, diese Einstellung hat sich geändert. Die Zahl der Scheidungen ist in letzter Zeit immens gestiegen. Das ist ungewöhnlich für unsere Gesellschaft. Füher hast du nie davon gehört. Frauen wären früher lieber gestorben, als sich scheiden zu lassen. Jetzt lassen sich die Ehepaare schon wegen Kleinigkeiten scheiden. Früher heiratete man nach traditioneller Art und Weise, die sogenannte arrangierte Ehe, die von seiten der Eltern initiiert wird. Heutzutage heiratet man aus Liebe und Überzeugung, und es kommt zu Scheidungen.

Dem Mann gefällt die Herrscherrolle allerdings nach wie vor, er ist glücklich darin. Anfangs ist das kaum zu erkennen, doch wenn er Windeln wechseln oder dem Kind die Flasche geben soll, ändert sich alles, und er wird sich auf einmal dessen bewußt, daß er ein Mann ist. Doch das Kind ist sein Kind genauso wie das der Frau. Während sie dem Kind bei den Schulaufgaben hilft, den Haushalt führt und sich um alles kümmert, besucht er seine Freunde oder ruht sich aus. Diesen Zwiespalt kann ich nicht akzeptieren.

Was der Frau sehr bei ihrer Emanzipation geholfen hat, war ihre Arbeit. Als sie zu lernen und zu arbeiten begann, konnte sie sich die Freiheit nehmen zu gehen, wenn die Ehe nicht funktionierte, wenn sie seelischen Druck und Überbelastung verspürte und unglücklich war. Sie konnte sich scheiden lassen, weil sie ihr eigenes Einkommen hatte. Doch es gibt auch eine andere Tendenz. Die israelischen Behörden wissen genau, daß der Schwachpunkt der Araber die Ehre ihrer Töchter und Frauen ist, und so kam es zu Entführungen und Überfällen auf arabische Mädchen, um eine gespannte, unsichere Stimmung zu erzeugen. Daraufhin erlaubten viele arabische Familien ihren Töchtern nicht mehr, auszugehen. Sie verheirateten sie so früh wie möglich, um sie an das Haus zu binden. So heirateten viele Mädchen mit 15 Jahren, mit 16 hatten sie ihr erstes Kind, mit 24 Jahren sechs Kinder. Was hatten sie vom Leben? Sie spüren, viel versäumt zu haben, und wollen ihr Leben verändern.

Viele Frauen holen das Abitur nach, obwohl sie fünf oder sechs Kinder haben. Sie haben ihre schlechte Situation erkannt und wollen sie verändern. Da es mittlerweile viele Frauen gibt, die diesen Weg gehen, ist es natürlich auch leichter für Frauen aus konservativen Familien.

## Um Ibrahim

*Um Ibrahim ist eine 53jährige Frau. Sie bezeichnet sich selbst als Bäuerin, obwohl sie seit langem nicht mehr am Feld arbeitet. Sie ist verheiratet und hat sieben Kinder, die fast alle im Ausland leben. Um Ibrahim ist bescheiden und zuversichtlich, sieht die Dinge im Leben klar und einfach. Sie hat eine ruhige Art, die durch nichts erschüttert werden kann, und lebt in Ramallah in einem kleinen Haus, das durch eine verwinkelte Straße zu erreichen ist und so ganz von der Außenwelt abgeschlossen zu sein scheint.*

1948 war ich noch ein kleines Mädchen. Ich kann mich daran erinnern, daß wir auf einen Hügel liefen und im nächsten Dorf Rauch sahen. In der Nacht kam mein Onkel und sagte, wir müßten fliehen. Unser Vater brachte uns nach Kadamon. Dort empfahl uns der Priester, weiterzuwandern. Also flohen wir in ein Dorf namens Kufr Malik. Nach kurzer Zeit entschieden sich meine Eltern, nach Amman in Jordanien auszuwandern. Meine Familie lebt jetzt noch dort, nur ich bin mit meinem Mann zurückgekommen. Als 1967 der Krieg ausbrach, mußten wir wieder fliehen, diesmal mit den Kindern in die nächstliegende Stadt. Ich wollte zu meinen Eltern nach Jordanien, doch mein Mann war dagegen. Wir versteckten uns in der Stadt, und mein Mann und seine Brüder bemühten sich um das

Essen für die Kleinen. Als einmal eine Patrouille vorbeikam, liefen wir hinaus, weil wir dachten, es sei die arabische Armee, doch wir erkannten Soldaten mit dem Davidstern. Schnell kehrten wir um und hißten die weiße Fahne. Daraufhin ließen uns die Israelis gehen. Wir kehrten in unsere Dörfer und Häuser zurück und lebten unser Leben, bis die Unterdrückung unerträglich wurde und die Intifada ausbrach.

*Wieviel Kinder hast du, Um Ibrahim?*
Ich habe drei Töchter und vier Söhne, alle verheiratet. Die Söhne leben hier; einer studierte bis vor kurzem in Amerika. Eine meiner Töchter lebt in New York, eine in Österreich, die dritte in Hebron, nicht weit von hier.

*Hast du deinen Mann in Amman kennengelernt?*
Nein. Ich wurde sozusagen eingetauscht. Meine spätere Schwägerin war meine Freundin. Als unsere Familie für meinen Bruder um ihre Hand anhielt, war ihre Familie einverstanden, doch mein späterer Mann meinte, er wolle für seine Schwester mich bekommen. Und so kam es, wie es kam; und ich reiste mit ihm 1955 zurück nach Palästina.

*Wie hat sich das Leben seit damals verändert?*
1955 war das Leben hier einfach und schön. Die Israelis waren noch nicht da. Die Menschen besaßen nicht viel. Mein Mann verdiente nur wenig, er führte ein kleines Kaffeehaus. Meine Schwiegereltern und meine Eltern waren Bauern. Sie besaßen große Weingärten. Doch als wir 1948 fliehen mußten und alles hinter uns ließen, hörte dieses Leben auf, und mein Vater war gezwungen, in einer Tabakfabrik in Amman zu arbeiten. Mein Schwiegervater, ebenfalls Bauer, wurde Schulwart. Weißt du, wir verarmten, als wir nach Amman fliehen mußten. Meine Eltern waren erschüttert und verwirrt, sie konnten nur schwer mit der neuen Situation zurechtkommen. Ich kann mich noch gut an die Verzweiflung in ihren Augen erinnern. Wir hatten kein Geld, da es früher nicht üblich war, etwas zur Seite zu legen. Heute sparen die Leute und bringen ihr Geld auf die Bank, doch früher gab es das nicht. Jeder Tag wurde für sich gelebt

und geplant. Man baute Tomaten und Zucchini an und lebte davon. Wenn man ein Schaf oder Hühner hatte, so wurden sie zur gegebenen Zeit geschlachtet. Das Leben war anders, und die Menschen waren zufrieden. Sie pflanzten auch Weizen und Getreide an, mahlten und buken Brot. Meine Mutter sagte immer, daß das Leben zu Hause viel schöner war als in Amman. In Ein Karem,[53)] unserem Dorf, lebten damals Muslime, Christen und Juden in Frieden zusammen. Das erste Opfer in unserem Dorf war mein ältester Bruder, der in einem anderen Dorf arbeitete. Als die Juden es überfielen, wurde er geprügelt und ausgepeitscht und dabei schwer verletzt. Das Rote Kreuz brachte ihn uns in der Nacht. Für meine Mutter war das ein großer Schock, denn er war ihr Erstgeborener.

*Hat sich das Leben nach 1967 sehr verändert?*

Vor 1967 waren die Jordanier hier. Als die Juden kamen, veränderte sich das Leben sehr. Es wurden viele Arbeiter gebraucht, und alle verdienten gut. Materiell ging es den Palästinensern besser als zur jordanischen Zeit, doch die menschliche Behandlung von seiten der Juden war nicht gut. Das Geld verführte die Menschen, weiterzuarbeiten. Sie begangen zu bauen, zu heiraten, sogar Geld zur Seite zu legen.

Doch das hielt nicht lange an. Die Regelungen wurden strenger. Die israelische Armee begann, junge Männer ins Gefängnis zu sperren. Die Soldaten drangen in Häuser ein, belästigten und schlugen die Bewohner, die sie für politisch aktiv hielten. Das steigerte sich immer mehr, bis die Intifada kam und es richtig losging. Seit der Intifada sind sehr viele Palästinenser in den Gefängnissen. Mein Enkel ist 13 Jahre alt und wurde jetzt für eineinhalb Jahre eingesperrt. Was soll man dazu sagen!

Unser Leben mit den Israelis ist furchtbar und unausstehlich geworden. Ich habe meine Kinder ermutigt, sich an Aktivitäten zu beteiligen, denn wir wollen nicht, daß uns Palästina weggenommen wird. Wenn wir 1948 bewußter gewesen wären – so wie die jetzige Generation –, hätten sie keinen Zentimeter unseres Landes bekommen. Doch früher waren die Leute nicht so wach wie heute. Sie haben viel gelernt, und die heutige Jugend ist besser als die Jugend früher. Das sagen sie selbst, und sie haben recht. Sie sind klüger als die Generation meiner Großeltern und Eltern, und die kommenden Generationen werden noch besser werden. Ich glaube, daß Wissen und Erkenntnis sehr wichtig sind und den entscheidenden Unterschied ausmachen.

*Hat sich die Intifada auf eure Sitten und Bräuche ausgewirkt?*
Erst seit kurzem feiern die Menschen wieder. Während der Intifada feierten sie nicht. Ich habe meinen Sohn während der Intifada verheiratet und nicht einmal meinen Nachbarn dazu eingeladen. Doch seit ungefähr einem Jahr kümmern sich die Menschen wieder um Hochzeiten und Feierlichkeiten, und die politischen Organisationen der Intifada erlauben ihnen, zwei bis drei Stunden zu feiern. Eigentlich hatten die Leute zu Beginn weder die Lust noch die Nerven, zu feiern, zu tanzen und glücklich zu sein. 1985 machte ich eine Hochzeitsfeier für meinen anderen Sohn, die zwei Tage dauerte. Das Haus und der Platz davor waren voller Gäste. Es gab eine Musikkapelle und eine Tanzgruppe, und es war wunderschön. Für meinen zweiten Sohn konnten wir gar nichts machen, weil er während der Intifada heiratete.

*Was sagst du zur Autonomie und zur Selbstverwaltung?*
Ich bin nicht zufrieden. Es wird sich nicht viel ändern. Unser Land werden sie uns nicht zurückgeben. Sie werden nicht aus dem Land verschwinden. Diese Lösung gefällt mir nicht.

*Für welche Lösung bist du?*
Ich möchte, daß sie unser Land verlassen. Wenn sie uns schon nicht unser ganzes Land geben wollen, so zumindest den Teil, den sie 1967 annektiert haben. Aus dem sollen sie ganz verschwinden. Doch die Autonomie unterstütze ich nicht. Für uns Araber ist die Autonomie ungeeignet. Jeder wird dann seine eigene Partei gründen wollen. Es ist besser, die Israelis halten uns weiter besetzt, als daß wir die Autonomie bekommen. Das ist meine Meinung. Wir brauchen einen Staat mit palästinensischer Regierung. Die West Bank ist voller jüdischer Siedler, die in der Nacht bewaffnet durch unsere Straßen streifen und randalieren. Sie schonen kein Haus ent-

lang der Straße. Wenn wir die Autonomie bekommen, bleiben diese Siedlungen, und nichts ändert sich. Doch wir wollen sie nicht bei uns haben.

*Um Ibrahim, du hast sowohl die jordanische als auch die israelische Herrschaft erlebt. Was kannst du dazu sagen?*

Das palästinensische Volk hat unter beiden gelitten. Doch die Jordanier haben einen gewissen Edelmut. Wenn du mit einem Problem zu ihnen gegangen bist, so wurde doch geholfen, die Israelis aber helfen nicht. Wir Palästinenser werden schlecht behandelt, wo immer wir hingehen. Wenn wir jetzt nach Jordanien wollen, machen uns beide Seiten die Einreise schwer. Als mein Bruder in Jordanien starb, mußte ich von sechs Uhr morgens bis vier Uhr nachmittags warten, bis ich endlich eine Einreisegenehmigung bekam.

*Wie ist es, wenn du deine Töchter im Ausland besuchst – sind die Leute daran interessiert, etwas über die Situation im Land zu erfahren?*

Ich war einmal in New York zu einem palästinensischen Hochzeitsfest eingeladen und sah zu, wie die Leute tanzten und einander mit Geld bewarfen. Da sagte ich zu den Freunden am Tisch: „Ist es nicht eine Schande, daß hier mit Geld geworfen wird, während es Familien gibt, die kein Geld für Brot haben?" Meine Tochter meinte, viele hier würden Geld spenden. Doch ich weiß, daß kaum etwas wirklich ankommt. Meist kassieren es die Großen, und die Kleinen gehen leer aus. Nur die Reichen bekommen Unterstützung, die Armen bleiben arm.

In Österreich ist es ähnlich, obwohl ich bemerkt habe, daß die Menschen in Österreich mehr am Schicksal der Palästinenser interessiert sind als die Amerikaner. Vergessen haben uns die Palästinenser im Ausland nicht, doch das Leben ist anders.

*Gibt es Palästinenserinnen in den israelischen Gefängnissen?*

Ja, es gibt sie, und ich kenne sogar eine. Sie ist die Braut eines Mannes, der für drei Jahre in Haft genommen wurde, und sie ist für zweieinhalb Jahre ins Gefängnis gekommen. Sie wollte in West-Jerusalem einen Soldaten erstechen. Auf dem Weg dorthin sprach sie ein in arabischer Kleidung getarnter Israeli an, der zu einer Sondergruppe gehörte. Sie erzählte ihm von ihrem Vorhaben, und er versprach, ihr zu helfen. Als sie in West-Jerusalem ankamen, gab er der Patrouille Bescheid, und sie wurde umzingelt und festgenommen, ehe sie zuschlagen konnte. Als Grund gab sie an: „Wieso habt ihr meinen Bräutigam am Tag unserer Hochzeit eingesperrt? Deswegen möchte ich mich rächen, entweder an einem Soldaten oder an einer Soldatin!"

Sie hatte Glück, sie wurde nicht gefoltert, nur eingesperrt. Ihre Mutter bekam bei der Nachricht einen Herzinfarkt und starb. Du weißt, für uns Araber ist es nicht einfach, wenn die Mädchen eingesperrt werden. An einer Demonstration teilzunehmen, ist in Ordnung, aber eingesperrt zu werden, ist schwer zu ertragen. Die Israelis wissen das und konzentrieren sich manchmal besonders auf die Mädchen. Sie wissen, daß wir es nicht ertragen, wenn ein fremder Mann unsere Frauen und Mädchen berührt. Wir haben in letzter Zeit oft von Mädchen gehört, die sich durch Messerstiche an den israelischen Soldaten rächen wollen. Ja, ja, das Leben.

# Fußnoten

1) „Atwa“ ist die Einwilligung zweier streitender Parteien auf eine Art Waffenstillstand, der solange anhält, bis das Problem durch mehrere Zusammenkünfte beider Parteien und deren Vermittler gelöst wird.

2) Koran (Sure 4, Vers 4): „Und gebt den Frauen ihre Morgengabe als Geschenk (sodaß sie frei darüber verfügen können)“ (Der Koran, Übersetzung von Rudi Paret).

3) Adrien K. Wing, Custom, Religion and Rights: The Future Legal Status of Palestinian Women, S. 13.

4) Adel El Baradie, Gottes-Recht und Menschen-Recht, S. 24f.

5) „Istihsan“ ist das Abgehen vom Ergebnis der Analogieanwendung zugunsten des Gewohnheitsrechts, der Erfordernisse des sozialen Lebens und der Anforderungen des zwischenmenschlichen Verkehrs (Adel El Baradie, Gottes-Recht und Menschen-Recht, S. 53).

6) Die Berücksichtigung des Interesses und des Wohles der Allgemeinheit unterliegt diesem Prinzip, vorausgesetzt, daß es das Vorrecht der heiligen Texte, des „ijma“ und des „qiyas“ bei der Bestimmung nicht schmälert (Adel El Baradie, Gottes-Recht und Menschen-Recht, S. 54).

7) ibd. S. 58.

8) Enzyklopädie des Islam, Artikel Taqlid.

9) Die schiitischen Muslime bilden die restlichen 10 Prozent der islamischen Gemeinde.

10) „Igtihad“ (wörtlich: Bemühung, Fleiß) bedeutet selbständige Entscheidung einer Rechtsfrage aufgrund der Interpretation der Quellen; freies Ermessen.

11) Adel El Baradie, Gottes-Recht und Menschen-Recht, S. 68.

12) ibd. S. 93.

13) Adrien K. Wing, Custom, Religion and Rights, S. 18.

14) Koran (Sure 4, Vers 34): „Die Männer stehen über (qawama) den Frauen, weil Gott sie (von Natur vor diesen) ausgezeichnet hat, und wegen der Ausgaben, die sie von ihrem Vermögen (für die Frauen) gemacht haben“ (Der Koran, Übersetzung von Rudi Paret).

15) Barbara C. Aswad, The Involvement of Peasants in Social Movements and its Relation to the Palestine Revolution, S. 21.

16) „Hamula“ (Plural: hamayil) ist eine patri-lineare Deszendenzgruppe, die bis in die 5. Generation durch einen gemeinsamen männlichen Ahnen verwandt ist.

17) „Asira“ (Plural: asayir) ist eine patri-lineare Deszendenzgruppe, die bis in die 7. Generation durch einen gemeinsamen männlichen Ahnen verwandt ist.

18) Bisan Center, Die Intifada und weitere feministisch-soziale Themen, S. 57 (arabisch).

19) Kitty Warnock, Land Before Honour, S. 23.

20) Yousef Nashef, The Psychological Impact of the Intifada, S. 30.

21) Bisan Center, Die Intifada und weitere feministisch-soziale Themen, S. 58 (arabisch).

22) Lisa Taraki, Mass Organisations in the West Bank, S. 435.

23) Adrien K. Wing, Custom, Religion and Rights, S. 57.

24) Laura L. Khoury, The Mobilization of Palestinian Women in the Intifada, S. 1.

25) Zahira Kamal, Die Entwicklung der palästinensischen Frauenbewegung in den seit 1967 okkupierten Territorien, zwanzig Jahre nach der israelischen Besetzung, Darb al-Mara (einmalig erschienene Zeitschrift, Juni 1987), S. 7 (arabisch).

26) Lisa Taraki, Mass Organisations in the West Bank, S. 461.

27) ibd. S. 460.

28) Intifada kommt von der arabischen Wurzel „nafada“ und bedeutet: abschütteln, aufrütteln, aber auch zittern, beben. Man verwendet es im Sinne von „seine Sorgen beziehungsweise Faulheit abschütteln“ oder „mit jemandem die Beziehung beenden“.

29) Journal of Palestine Studies, Nr. 69, August 1987.

30) Yousef Nashef, The Psychological Impact of the Intifada, S. 74.

31) Adrien K. Wing, Custom, Religion and Rights, S. 63.

32) Laura Khoury, The Mobilization of Palestinian Women in the Intifada, S. 3.

33) Maria Holt, Half the People, S. 47.

34) Adrien K. Wing, Custom, Religion and Rights, S. 62.

35) In Tunesien und in der Türkei wurde sie gänzlich verboten.

36) Koran (Sure 4, Vers 3): „... heiratet, was euch an Frauen gut ansteht (?), zwei, drei oder vier. Wenn ihr aber fürchtet, nicht gerecht zu handeln, dann eine ...“ und Koran (Sure 4, Vers 129): „Und ihr werdet die Frauen (die ihr zu gleicher Zeit als Ehefrauen habt) nicht gerecht behandeln können, ihr mögt noch so sehr darauf aus sein“ (Der Koran, Übersetzung von Rudi Paret).

37) Adrien K. Wing, Custom, Religion and Rights, S. 37f.

38) Fünf bis zehn Prozent in den palästinensischen Dörfern.

39) Abdullah an-Naim, Human Rights, S. 47.

40) Koran (Sure 47, Vers 24).

41) Adrien K. Wing, Custom, Religion and Rights, S. 42f.

42) Mit Agentur ist hier die UNRWA (United Nations Relief and Works Agency) gemeint.

43) Die Weinblätter werden mit Reis beziehungsweise mit Reis und Fleisch gefüllt, in einem Topf gestapelt, der mit Wasser gefüllt wird, und auf kleiner Flamme gekocht.

44) Aus diesen gerösteten Weizenkörnern wird eine Suppe namens „Frika“ zubereitet.

45) Eine spinatähnliche Gemüsesorte.

46) Der aus „Bet Nabala“ stammende.

47) Gefängnis in West-Jerusalem.

48) Hamas, eine orthodoxe islamische Bruderschaft, die von Saudi-Arabien finanziell unterstützt wird und weniger den nationalen Charakter des Aufstandes betont, sondern eher die Islamisierung der Bevölkerung anstrebt, was im weiteren zu einer pan-islamisch-arabischen Befreiung führen soll. Hamas steht jedem Kompromiß feindlich gegenüber und sieht im organisierten, bewaffneten Aufstand die einzige Lösung.

49) Ein Vorort Jerusalems.

50) Wenn ein Säugling von der Brust einer Frau trinkt, so wird dieses Kind nach islamischem Recht zum Kind dieser Frau, alle ihre Kinder werden zu Milchbrüdern und -schwestern und fallen somit unter das Heiratstabu.

51) Seit Jahresbeginn 1993 besteht eine Sperre für alle Palästinenser, die innerhalb der West Bank leben. Man darf nur mit einer Sondergenehmigung ausreisen. Das verschlimmert die Situation der Einwohner, da ein Großteil von ihnen als Lohnarbeiter in Israel und Jerusalem arbeitet. Als „Israel" wird das Land bezeichnet, das seit 1948 okkupiert ist; Jerusalem hat darin eine Sonderstellung.

52) Die Universität Tel-i-Byut liegt auf der Verbindungsstraße zwischen Jerusalem und Bethlehem.

53) Arabisches Dorf, nun in West-Jerusalem eingemeindet.

# Zeittafel

**16. bis 20. Jahrhundert:** Palästina als Teil Syriens unter osmanischer Herrschaft.

**1876:** Einberufung des ersten osmanischen Parlaments in Konstantinopel, die ersten palästinensischen Abgeordneten aus Jerusalem werden gewählt.

**1881:** Die osmanische Regierung gibt nicht-osmanischen Juden die Erlaubnis, sich im Osmanischen Reich anzusiedeln, außer in Palästina.

**1882:** Baron Edmond de Rothschild aus Paris beginnt mit der ersten finanziellen Unterstützung der jüdischen Kolonisation in Palästina.
Beginn der ersten jüdischen Auswanderungswelle nach Palästina.

**1888:** Die europäischen Mächte üben Druck auf die osmanische Regierung aus. Diese soll nicht-osmanischen Juden die Ansiedlung in Palästina erlauben.

**1891:** Erster palästinensischer Protest gegen die zionistischen Ziele.

**1896:** Der österreichische Zionist Theodor Herzl veröffentlicht sein Werk „Der Judenstaat", in dem er Palästina, aber auch Uganda, Zypern oder Argentinien als Ort zur Gründung eines Judenstaates vorschlägt. Der osmanische Sultan Abd al-Hamid II. spricht sich entschieden gegen die Gründung eines jüdischen Staates in Palästina aus.

Im **August 1897** findet in Basel der Erste Zionistische Kongreß statt. Das Baseler Programm beschließt den Plan zur Kolonisation Palästinas und gründet die World Zionist Organisation (WZO).
Zu dieser Zeit umfaßt die „nicht-jüdische" Gemeinschaft mehr als 92% der Bevölkerung Palästinas.

**1901:** Ein jüdischer Nationalfonds wird als Zweig der WZO gegründet und mit der Funktion betraut, in Palästina Land anzukaufen, das ausschließlich von Juden besiedelt und bebaut werden soll.

**1910:** Arabische Zeitschriften in Beirut, Damaskus und Haifa protestieren gegen den Erwerb palästinensischen Bodens durch die zionistische Bewegung.

**1911:** Die palästinensische Zeitung „Filistin" adressiert ihre Leser als Palästinenser und warnt vor den Konsequenzen der zionistischen Kolonisation.

Am **1. August 1914** bricht der Erste Weltkrieg aus.
Am **5. November** tritt das Osmanische Reich an der Seite Deutschlands in

den Krieg ein. Chaim Weizman, der erste Präsident Israels, schreibt: „... als britisches Schutzgebiet könnten wir in 20 bis 30 Jahren eine Million Juden dort ansiedeln, vielleicht sogar mehr."

**1915:** Briefwechsel zwischen dem Sherif Hussein, Herrscher von Mekka, und Sir Henry McMahon. Hussein bietet den Engländern Hilfe gegen die Türken an, unter der Bedingung, daß die Unabhängigkeit für Saudi-Arabien, Syrien, den Libanon, Jordanien, den Irak und Palästina nach dem Krieg garantiert wird. (Der Titel Sherif deutet darauf hin, daß sein Träger vom Propheten Muhammad abstammt.)

Am **30. Januar 1916** endet der Briefwechsel zwischen Hussein und McMahon. Den Arabern versichert man, nach dem Krieg ihre Unabhängigkeit und die Vereinigung aller arabischen Länder zu erlangen, die unter osmanischer Herrschaft waren, inklusive Palästina.
Am **16. Mai** unterzeichnen die französische und die britische Regierung geheim den Sykes-Picot-Plan, in dem die arabischen Provinzen des Osmanischen Reiches in französische und britische Mandate aufgeteilt werden.
Am **10. Juni** proklamiert der Sherif Hussein die arabische Unabhängigkeit von der osmanischen Macht, basierend auf dem Abkommen mit der britischen Regierung durch ihren Repräsentanten McMahon.
Der arabische Aufstand gegen die Osmanen beginnt.
Der Sherif Hussein wird am **2. Oktober** zum „König der Arabischen Länder" ernannt.

Am **2. November 1917** schreibt der englische Außenminister Arthur Balfour (Balfour-Deklaration) an Baron Rothschild: „Mit großer Freude übermittle ich Ihnen, im Namen der Regierung Seiner Majestät, die folgende Sympathieerklärung zugunsten der jüdisch-zionistischen Bestrebungen, die dem Kabinett vorgelegen hat und von ihm gebilligt worden ist:
Die Regierung Seiner Majestät sieht mit Wohlwollen die Etablierung einer nationalen Heimstätte für das jüdische Volk in Palästina und wird die größten Anstrengungen unternehmen, um die Verwirklichung dieses Zieles zu erleichtern ..."
Am **9. Dezember** erreichen die alliierten Mächte die Kapitulation der osmanischen Truppen in Jerusalem.

Am **30. Oktober 1918** endet der Erste Weltkrieg.
Zu dieser Zeit hat Palästina etwa 700.000 Einwohner, davon 644.000 Araber (574.000 Muslime und 70.000 Christen) und 56.000 Juden. Die gesamte Agrarfläche beträgt 2,663.231 Hektar, davon besitzen die Juden etwa 2%.

**1919:** Der erste Palästinensische Nationalkongreß versammelt sich in Jerusalem und sendet zwei Memoranden nach Versailles, in denen die Balfour-Deklaration abgelehnt und die Unabhängigkeit verlangt wird.
Gründung der ersten Frauenorganisation in Jerusalem.

**März 1920:** Der Allgemeine Syrische Kongreß proklamiert die Unabhängigkeit Syriens, des Libanons, Palästinas und Jordaniens mit Prinz Faisal als König.
**April:** Die San Remo-Konferenz erkennt die Verwaltung der ehemaligen osmanischen Territorien Syrien und Libanon Frankreich zu, während Palästina, Jordanien und Mesopotamien (Irak) an Großbritannien gehen.
**Juli:** Beginn der britischen Zivilverwaltung. Sir Herbert Samuel, einer der Schöpfer der Balfour-Deklaration, wird erster Hochkommissar. Zahlreiche britische Zionisten kommen als Beamte nach Palästina. Das erste Einwanderungsgesetz, das eine Einwanderungsquote von 16.500 Juden pro Jahr festsetzt, wird von ihnen erlassen. Die Engländer erteilen Konzessionen an Juden für die Ausbeutung von Bodenschätzen und für die Durchführung infrastruktureller Maßnahmen (Kontrolle über Bewässerung und Elektrifizierung). Der rechtsstehende Zionistenführer Jabotinsky gründet die Haganah, eine jüdische Untergrundarmee.

**1921:** Gründung der Arabischen Frauenunion in Jerusalem. Erstmals demonstrieren Frauen gegen jüdische Einwanderung und die zionistische Siedlerpolitik.

Am **24. Juli 1922** wird das Palästina-Mandat vom Völkerbund ohne Einwilligung der Palästinenser genehmigt.
Gründung der im Mandatsvertrag vorgesehenen Jewish Agency for Palestine als vom Völkerbund anerkannte Vertretung der World Zionist Organisation.
Die Gesamtbevölkerung Palästinas beläuft sich zu dieser Zeit auf 757.182 Einwohner, davon 672.488 Araber (590.000 Muslime, 73.014 Christen und 9.474 Angehörige anderer Konfessionen) und 83.794 Juden.

**1923:** Die arabische Exekutive lehnt die Schaffung einer „jüdischen nationalen Heimstätte" ab und fordert, „dem palästinensischen Volk die volle Gewalt über seine eigenen Angelegenheiten einzuräumen".

**1925:** Proteststreiks gegen die britische Palästina-Politik. Als Lord Balfour nach Jerusalem kommt, um die Universität einzuweihen, legen Christen und Muslime die Arbeit nieder.

**1927** sind die Demonstrationen der Palästinenser schon so häufig, daß die Briten Bombenflugzeuge dagegen einsetzen.

**1929** findet der erste Frauenkongreß in Palästina statt. 200 Frauen besuchen ihn als Delegierte. Nach diesem Kongreß wird eine Petition verfaßt, die der Frau des britischen Hochkommissars vorgelegt werden soll, da es sich als Frau nicht schickt, zu einem Mann zu gehen. Doch die Briten akzeptieren das nicht. Die Frauen werfen alle Konventionen über Bord und erscheinen vor dem Quartier des Hochkommissars. Als Symbol ihres nationalen Protests reißen einige Frauen den Schleier vom Kopf.
Der Mufti von Jerusalem fordert die politische und wirtschaftliche Gleichstellung der Araber mit den Juden Palästinas sowie neue Einwanderungsbeschränkungen.

**August 1932:** Gründung der ersten verfassungsgemäßen palästinensischen Partei „Istiqlal“ (Unabhängigkeit).

**1933:** Zum ersten Mal in der Geschichte hält eine Christin eine politische Rede an der Kanzel der Omar-Moschee gegenüber der Grabeskirche und eine Muslimin eine weitere Rede in der Grabeskirche.
In Jaffa und Jerusalem finden aus Protest gegen die pro-zionistische Politik Großbritanniens Demonstrationen statt.

**1936:** In allen Städten und großen Dörfern bilden sich nationale palästinensische Komitees. Sie fordern eine demokratische Regierung, das Ende der jüdischen Einwanderung und ein Verbot des Landverkaufs an Juden. Der große Aufstand beginnt. In Jaffa, Tel Aviv und anderen Teilen des Landes brechen schwere Kämpfe zwischen der palästinensischen Bevölkerung und den Juden aus. Die Palästinenser kündigen einen sechsmonatigen Generalstreik an, der das Wirtschaftsleben des Landes lähmt. Die britische Regierung reagiert mit Härte: Verstärkung der Polizeigewalt mit Panzern, Geldbußen und Kollektivstrafen für die Streikenden, Enteignung der Häuser, aus denen geschossen wurde.

**Juli 1937:** Die von den Briten eingesetzte „Peel-Kommission“ schlägt bei einer Nichtfortsetzung des Mandates eine Teilung Palästinas in einen arabischen und einen jüdischen Teil vor. Nach diesem Plan würden die Juden, die zu dieser Zeit etwa 5,6% des Bodens besitzen, 40% des Landes bekommen, und zwar den fruchtbarsten Teil.

**September:** In Syrien wird der Arabische Nationalkongreß abgehalten. 450 Delegierte aus allen arabischen Ländern lehnen den Teilungsplan ab.
In diesem Jahr besteht die palästinensische Bevölkerung aus 1,360.142 Per-

sonen, darunter 61,2% Muslime, 29,6% Juden und 8,4% Christen. Zwei Drittel der Bevölkerung sind arme, analphabetische, mittellose Bauern.

**Februar 1939:** In London findet die Palästina-Konferenz statt, an der Delegationen aus Ägypten, Transjordanien, Saudi-Arabien, dem Jemen und dem Irak sowie Delegierte der Jewish Agency und Mitglieder jüdischer Gemeinden aus verschiedenen Staaten teilnehmen. Die Palästinenser fordern die Unabhängigkeit für ganz Palästina, die Beendigung der jüdischen Einwanderung und des jüdischen Landerwerbs. Sie garantieren der jüdischen Minderheit Schutz, die Achtung ihrer Rechte als gleichberechtigte Bürger und den freien Zugang zu den heiligen Stätten des Judentums. Die Zionisten lehnen das ab und fordern einen eigenen Staat. Daraufhin veröffentlicht Großbritannien das McDonald-Weißbuch, mit dem es klarstellt, daß es nicht die Absicht habe, Palästina zu einem jüdischen Staat zu machen, sondern zu einem souveränen demokratischen Staat. Damit versuchen die Briten, kurz vor dem Ausbruch des Zweiten Weltkrieges zumindest die Neutralität der Araber zu sichern. Die jüdische Einwanderung wird beschränkt und soll nach 1944 von der arabischen Zustimmung abhängen. In Palästina organisieren die Juden Protestkundgebungen gegen das Weißbuch, erschießen britische Soldaten, greifen Araber an und bewerfen arabische Geschäfte mit Steinen.
Daraufhin verlegen die Zionisten ihren Zentralsitz nach Washington und setzen nun auf die USA.
**1. September:** Der Zweite Weltkrieg bricht aus.

**Mai 1941:** General Sir Henry Wilson wird zum Oberkommandierenden der britischen Streitkräfte in Palästina und Transjordanien ernannt.
**8. Juni:** Der gaullistische General Catraux (freie französische Streitkräfte) erklärt Syrien und den Libanon für frei und unabhängig und das französische Mandat für beendet.
**12. Juli:** Deutsche Kampfflugzeuge bombardieren den britischen Stützpunkt in Port Said (Ägypten).

**1942:** Die in New York abgehaltene zionistische Biltmore-Konferenz formuliert die neue Strategie, die die Gründung eines „eigenstaatlichen jüdischen Commonwealth" und die Bildung einer jüdischen Armee in Palästina vorsieht.

**August 1943:** Der irakische Ministerpräsident Nur Said schlägt die Gründung einer Arabischen Union vor, die folgende Pläne durchsetzen soll: Zusammenschluß Syriens, Palästinas, Transjordaniens und des Libanons

zu einem großen syrischen Staat, der mit dem Irak die Arabische Union bilden soll; Schaffung einer ständigen Vertretung der Mitgliedstaaten, um Verteidigung, Außenpolitik, Wirtschaft, Verkehr, Zoll und Minderheitenpolitik aufeinander abzustimmen; Semiautonomie der Juden Palästinas unter syrischer Kontrolle; Schaffung eines ständigen Komitees zur Aufrechterhaltung der religiösen Freiheiten in Jerusalem.
Ägypten, Saudi-Arabien und Syrien befürworten die Union.

**September 1944:** In Alexandria nehmen Vertreter Ägyptens, Saudi-Arabiens und Syriens, Transjordaniens, des Libanons, des Jemens und des Iraks an den Vorbesprechungen zur panarabischen Konferenz teil.

Am **22. März 1945** wird in Kairo der Pakt der Liga der Arabischen Staaten (Arabische Liga) unterzeichnet. Die Statuten enthalten unter anderem folgende Punkte: Festigung der arabischen Beziehungen auf der Grundlage der Unabhängigkeit und Souveränität; Verbot von Gewaltanwendung zwischen Staaten der Arabischen Liga; enge Zusammenarbeit in den Bereichen Finanzen, Wirtschaft, Industrie, Landwirtschaft, Verkehr, Kultur, Gesundheitswesen; Anerkennung des Rechtes des palästinensischen Volkes auf Unabhängigkeit.
**Juni:** Gründung der Vereinten Nationen in San Francisco.
**August:** US-Präsident Truman ersucht den britischen Premierminister Clement Attlee, 100.000 Juden die Einreise nach Palästina zu gewähren.
Zahlreiche Staaten, darunter die USA, weigern sich nach dem Krieg, jüdische Flüchtlinge aufzunehmen. Die zionistischen Organisationen tragen dazu bei, indem sie einzig Palästina als Einwanderungsland für Juden akzeptieren. Juden können daher nur nach Palästina flüchten, auch wenn sie in ein anderes Land wollen.

**25. Januar 1946:** Auf der ersten Tagung der Palästina-Kommission in London begründet der Delegierte der jüdischen Organisationen, Professor Brodetzki, den Anspruch der Juden auf einen eigenen Staat damit, daß sie diesen vor 1.800 Jahren verloren und ein Recht zur Rückkehr hätten. Es sei wirtschaftlich vertretbar, binnen zehn Jahren eine Million Menschen nach Palästina zu senden, um dort eine starke jüdische Mehrheit zu erzielen.
Die Haganah, die jüdische Untergrundarmee, verfügt über 75.000 Mann und ein mit modernsten Waffen (zum Teil aus den USA) bestücktes Arsenal. Die Untergrundorganisation Irgun besteht aus etwa 6.000 Mann, die auf Straßenkämpfe und Sabotageaktionen spezialisiert sind.
**März:** Der Führer der jüdischen Arbeiterbewegung in Palästina und Vorsitzende des Exekutivkomitees der Jewish Agency, David Ben Gurion, be-

zeichnet die Spannungen zwischen Arabern und Juden als vorübergehend. Ein Bündnis zwischen beiden Völkern sei möglich, da sie historisch und wirtschaftlich aufeinander angewiesen seien.

**Februar 1947:** Großbritannien überträgt das Palästinamandat und damit die Lösung der Probleme im Land an die Vereinten Nationen. Der Truppenabzug der Briten beginnt.
**Mai:** Die UNO sendet eine Sonderkommission – UNSCOP – nach Palästina, um jüdische und palästinensische Vertreter anzuhören. Nach Abschluß der Untersuchungen sprechen sich sieben der elf Komiteemitglieder für einen Mehrheitsplan aus. Danach soll Palästina in zwei unabhängige Staaten geteilt werden und Jerusalem einen Sonderstatus erhalten. Die anderen drei Komiteemitglieder plädieren für eine Föderation zwischen einem jüdischen und einem palästinensischen Teilstaat mit Jerusalem als Hauptstadt. Dieser Plan wird von den Zionisten abgelehnt, während sie den Mehrheitsplan akzeptieren. Die Teilung des Landes wird wiederum von den Arabern abgelehnt.
Am **29. November** wird der Mehrheitsplan angenommen (UN-Resolution 181), wobei Jerusalem und Bethlehem einen corpus separatum bilden und bei internationaler Administration unter UN-Leitung verbleiben sollen.
Ein regelrechter Terrorkrieg gegen die arabische Bevölkerung beginnt durch organisierte Angriffe der Haganah, der Irgun und der Spezial-Gruppe Stern. 17 Dörfer beziehungsweise arabische Stadtteile werden angegriffen. Der Vorgang ist immer der gleiche: Die Dörfer werden umzingelt, die Bewohner entweder erschossen oder mitsamt ihren Häusern in die Luft gesprengt. Ziel all dieser Terroraktionen ist die Vorbereitung auf die Machtübernahme in Palästina und die Einleitung der anschließenden Vertreibung der palästinensischen Bevölkerung. Neben dem Terror dienen Drohungen, Täuschungen und falsche Versprechen dazu, die verängstigte palästinensische Bevölkerung zu vertreiben.

**April 1948:** Die Terrororganisation Irgun und die Stern-Gruppe mit Menahim Begin und Yitzhak Shamir als Führer überfallen das Dorf Deir Yasin, einen Vorort westlich von Jerusalem. Nach dem Massaker entdeckt das Rote Kreuz die Leichen von 254 Männern, Frauen und Kindern.
Alle palästinensischen Viertel im westlichen Teil Jerusalems werden von der Haganah eingenommen, die Palästinenser vertrieben. Auch Städte und Dörfer, die laut Teilungsplan im arabischen Staat liegen sollen, werden angegriffen und zum Teil besetzt.
**14. Mai:** Gründung des Staates Israel als parlamentarische Republik.

**1. Nahostkrieg:** Die arabischen Staaten senden rund 25.000 Mann nach Palästina, um weiteren Eroberungen Einhalt zu gebieten. Da diese Einheiten ohne gemeinsames Oberkommando operieren, sind ihre Aktionen isoliert und von geringer Wirkung. Die Haganah auf israelischer Seite besteht aus 60.000 bis 70.000 Aktivisten. Sie sind nicht nur besser ausgebildet, sondern auch mit modernen Waffen ausgerüstet.
Am Ende des siebeneinhalb Monate dauernden Krieges kontrolliert der neue Staat Israel 77,4% der Gesamtfläche (im UN-Teilungsplan waren 56,4% für den jüdischen Staat vorgesehen). Israel weigert sich, die palästinensischen Flüchtlinge zurückkehren zu lassen, und ignoriert den von der UNO gefaßten Teilungsbeschluß. So wird der Grundstein für andauernde Konfrontationen gelegt.

**Dezember 1949:** Der westliche Teil Jerusalems wird zur Hauptstadt Israels erklärt.

**März 1950:** Abwesenheitseigentumsgesetz: „Jede Person, welche am 29. 11. 1947 sich in einem arabischen Staat aufhielt oder eingebürgert worden oder Palästinenser ist und ihren Aufenthaltsort verlassen hat, und sei es, um Zuflucht in einem anderen Teil Palästinas zu suchen, kann als ‚Abwesender' qualifiziert werden. Das Eigentum eines Abwesenden wird der Verwaltung für Abwesenheitseigentum in Treuhänderschaft unterstellt, welche dieses an das Amt für Entwicklung ‚verkauft', das der Autorität der Knesset unterliegt." Hiermit wird der Diebstahl des Eigentums einer Million Araber legitimiert.
**Mai:** Die UNRWA wird von der UNO gegründet.
**April:** Die West Bank wird mit Jordanien vereint, während der Gaza-Streifen unter ägyptische Verwaltung kommt.
**Juli:** Die Knesset erläßt das „Rückkehrgesetz", das Juden aus aller Welt zur israelischen Staatsbürgerschaft berechtigt.

**1952:** Talal von Jordanien dankt ab, Hussein wird König von Jordanien.

**1955:** Gründung der Nationalen Einheitsfront al-Fatah.

**1956: 2. Nahostkrieg:** Großbritannien und Frankreich attackieren gemeinsam mit Israel Ägypten, um das Regime Nassers zu stürzen, das sie als Bedrohung für ihre Pläne empfinden. Nasser kann sich halten, und die Invasoren sind gezwungen, sich zurückzuziehen, als letztes Israel.

**2. Juni 1964:** Gründung der Palästinensischen Befreiungsorganisation (PLO).
**Dezember:** Die al-Fatah führt erste militärische Aktionen durch.

**1967: 3. Nahostkrieg:** Während des Sechs-Tage-Krieges besetzt Israel den bis dahin zu Jordanien gehörenden arabischen Ostteil Jerusalems. Ost-Jerusalem wird daraufhin verwaltungsmäßig mit dem israelischen Westteil der Stadt vereinigt. Weiters attackiert und besetzt Israel die West Bank, den Gaza-Streifen, die Sinai-Halbinsel und die Golan-Höhen. Es ist die größte arabische Niederlage der modernen Geschichte.
Die zweite Vertreibung der Palästinenser beginnt.
Jordanien wird zur Basis der palästinensischen Widerstandsbewegung.

Am **28. Dezember 1968** bombardiert ein israelisches Kommando den Beiruter Flughafen und zerstört 13 Flugzeuge.

**1969:** Erstmals werden Frauen in der „Generalunion für Palästinensische Frauen", einer Teilorganisation der PLO, politisch repräsentiert.

**September 1970:** Bürgerkrieg zwischen jordanischer Armee und den palästinensischen Feddayin (Befreiungskämpfern). Das palästinensische Volk hat sich in den Lagern seine eigenen sozialen, politischen und militärischen Strukturen geschaffen, die seine Emanzipation einleiten sollen. Es wird damit zu einem von König Hussein nicht kontrollierbaren Machtfaktor, dessen Bestrebungen sich auf die – zur Hälfte aus Palästinensern bestehende – jordanische Bevölkerung auswirken könnten. Zwischen den beiden Parteien kommt es immer wieder zu Konfrontationen, die im September zu einer einwöchigen Schlacht um Amman führen. König Hussein bleibt Sieger. Die palästinensische Widerstandsbewegung ist fast ganz gebrochen.
Neue Taktiken werden gesucht. Die ersten internationalen Flugzeugentführungen beginnen.
13% der palästinensischen Arbeitskräfte sind in Israel beschäftigt, 40% der Bevölkerung in der Landwirtschaft tätig.

**1972:** Anschlag auf israelische Sportler in München.

**1973: 4. Nahostkrieg:** Im Oktoberkrieg kämpfen Ägypten und Syrien um die Zurückerlangung der arabischen Territorien. Bereits in den ersten Stunden des Krieges gelingen den arabischen Armeen, vor allem der ägyptischen, Erfolge, die die Militärexperten in Ost und West nicht für möglich gehalten hatten. Die militärische Aufgabe der palästinensischen Kämpfer besteht darin, israelische Nachschubbasen anzugreifen und so Transporte an die Front zu verhindern. Erst mit Hilfe der USA kann Israel wieder ein Gleichgewicht erzielen. Der Krieg dauert insgesamt 20 Tage.
**November:** Auf dem arabischen Gipfeltreffen in Algier wird die Palästi-

nensische Befreiungsorganisation (PLO) als die einzige legitime Vertretung des palästinensischen Volkes anerkannt. Yassir Arafat wird als Staatschef empfangen.
Beginn der Gründung von Massenorganisationen wie Studenten-, Arbeiter- und Frauenorganisation in der West Bank und im Gaza-Streifen sowie in Ost-Jerusalem. Ziel dieser Organisationen ist es, eine größere Solidarität zwischen den einzelnen Bevölkerungsgruppen, ein besseres Kommunikationsnetz, effizientere politische Arbeit und einen effektiveren Kampf gegen die Besetzung zu erreichen.

**1975:** 40% der palästinensischen Arbeitskräfte sind mittlerweile in Israel beschäftigt, nur mehr 27,4% in der Landwirtschaft tätig (vergleiche 1970).
Beginn des Bürgerkrieges im Libanon. Er ist kein Religionskrieg, sondern hat ausschließlich politische und vor allem soziale Ursachen. Seine Komplexität und lange Dauer resultieren aus den Einmischungen von arabischer und internationaler Seite.
Intern fordert die eine Seite politische und ökonomische Reformen, Abschaffung des Konfessionalismus, Annahme eines Proportionalwahlsystems und wirksame wirtschaftliche Veränderungen. Gleichzeitig setzt sich diese Gruppe für einen arabischen Libanon und für stärkere Unterstützung der Palästinenser ein. Die andere Seite will die bestehende Ordnung verteidigen. Sie sucht stärkere Anlehnung an Europa und die USA und erklärt alle innerlibanesischen Probleme mit der Anwesenheit der PLO im Land, wobei die Palästinenser sicher eine nicht zu unterschätzende Rolle im Gleichgewicht spielen.

**November 1977:** Der ägyptische Präsident Sadat trifft in Israel ein.
Gegenbesuch Begins in Ägypten (Ismailiya).

**März 1978:** Die israelische Armee attackiert den Südlibanon. Mehrere Dörfer werden zerstört und 700 Libanesen und Palästinenser, meist Zivilisten, getötet.
**September:** Unter der Schirmherrschaft der USA beginnen in Camp David die Friedensverhandlungen. Nach 12 Tagen endet die Konferenz zwischen Carter, Begin und Sadat mit der Unterzeichnung zweier Dokumente: 1. „Rahmen für den Frieden im Nahen Osten"; die PLO und das palästinensische Volk werden hier nicht miteinbezogen. 2. „Rahmen für den Abschluß eines Friedensvertrages zwischen Ägypten und Israel".
Am internationalen Frauentag (8. März) gründet eine Gruppe von 50 jungen berufstätigen Frauen und Studentinnen in Ramallah das „Komitee für Frauenarbeit". Später wird es in „Komitee der Palästinensischen Union

für Frauenarbeit" umbenannt. Hauptziel ist die Auseinandersetzung mit der sozialen und nationalen Unterdrückung der palästinensischen Frau.
Der **29. November** wird zum Internationalen Solidaritätstag mit dem palästinensischen Volk erklärt.

Am **26. März 1979** wird in Washington der Friedensvertrag zwischen Israel und Ägypten feierlich unterzeichnet.
Die arabische Welt verfolgt Sadats Alleingang mißtrauisch und ablehnend. Drei Tage nach der Unterzeichnung bildet sich die „Front der Standhaftigkeit" – jene arabischen Länder, die ihre wirtschaftlichen und politischen Beziehungen zu Ägypten abbrechen. Der gemäßigtere Flügel lehnt den Friedensvertrag ab. Somit hat der Separatvertrag die arabische Welt gespalten. Die PLO sieht in diesem Vertrag die Durchsetzung der israelischen Belange und eine Negation der legitimen palästinensischen Rechte.

**1980:** Die Knesset erklärt Jerusalem, also West- und Ost-Jerusalem, zur Hauptstadt Israels.
Gründungen verschiedener Vereine und Gesellschaften für Schriftsteller, Künstler, Journalisten, Akademiker, Universitätsabsolventen ...

**1981:** Weitere Frauenorganisationen werden gegründet: „Komitee der palästinensischen Union für arbeitende Frauen" in Nablus; „Komitee der palästinensischen Frauen" und „Komitee für soziale Arbeiten". Alle drei Organisationen haben die nationale und soziale Rolle der Frau innerhalb der palästinensischen Gesellschaft zum Hauptthema.
**Juli:** Die israelische Luftwaffe bombardiert PLO-Quartiere in Beirut und tötet 300 Menschen.
**August:** Kronprinz Fahd von Saudi-Arabien schlägt einen Acht-Punkte-Friedensplan vor.
Am **6. Oktober** wird Präsident Sadat während einer Militärparade ermordet. Weitere elf Offiziere kommen bei diesem Attentat um.

**1982:** Die israelische Regierung schlägt eine Autonomie für die West Bank und den Gaza-Streifen vor.
Am **25. April** findet aufgrund des Camp David-Abkommens der israelische Rückzug aus der Sinai-Halbinsel statt.
Am **4. Juni** überfällt Israel mit ungefähr 100.000 Soldaten den Libanon. Ziel: Zerstörung der palästinensischen Stützpunkte.
Am **30. Juni** werden aufgrund der israelischen Invasion 15.000 tote Zivilisten gezählt. Erstmals gibt es innerhalb Israels und auf der ganzen Welt Stimmen und Demonstrationen gegen die Aktionen der israelischen Ar-

mee. Israel hält bis heute (1994) eine Sicherheitszone von 40 km (unter einem libanesischen Major).
**Juli:** Yassir Arafat unterzeichnet vor einem amerikanischen Delegierten eine Erklärung, in der er alle Palästina betreffenden UN-Resolutionen anerkennt.
**September:** In den Flüchtlingslagern Sabra und Shatila werden von libanesischen Falangisten unter Mithilfe der israelischen Armee über 1.000 Palästinenser ermordet.

**1983:** Die israelische Autorität verstößt 34 Akademiker aus Universitäten der West Bank, weil sie sich weigern, eine Schrift zu unterzeichnen, in der sie geloben, die PLO nicht zu unterstützen.

**1984:** Das Exekutivorgan der Zionistischen Weltorganisation lehnt die Kandidatur des ehemaligen Verteidigungsministers Ariel Sharon als Direktor des israelischen Immigrationsprogramms ab und führt als Grund seine Rolle beim Massaker 1982 in den Flüchtlingslagern von Sabra und Shatila an.

**Februar 1985:** Yassir Arafat und König Hussein kommen zu einer gemeinsamen Übereinstimmung betreffend einen Nahost-Frieden, nämlich Land im Austausch für Frieden. Dies soll im Rahmen einer internationalen Konferenz geregelt werden.
**November:** Die New York Times berichtet, daß Ministerpräsident Peres und König Hussein zu einer inoffiziellen Übereinstimmung gekommen sind. Israel wird an einer internationalen Nahost-Konferenz teilnehmen, unter der Voraussetzung, daß Jordanien zu diesem Treffen nur für Israel akzeptable Palästinenser mitbringt.

**1986:** Die Sunday Times in London zitiert in einem Bericht den ehemaligen israelischen Atomtechniker Mordechai Vanunu, dessen Aussagen zufolge Israel schon seit über 20 Jahren Atomwaffen baut und lagert.
Eine israelische Statistik gibt 23.200 arbeitende palästinensische Frauen – also 14% der Beschäftigten in der West Bank – an.

**Juni 1987:** Die israelischen Behörden versuchen, in der Region Nablus 9.000 Dunum Land zu beschlagnahmen (1 Dunum = 10 Ar).
Die Beschlagnahmung beziehungsweise „legale" Enteignung in den arabischen Gebieten der West Bank und des Gaza-Streifens folgt meist dem gleichen Muster: Der Militärkommandeur einer Region erklärt ein bestimmtes Gebiet aus Sicherheitsgründen zur „gesperrten Zone", wobei er sich auf Artikel 125 der britischen Notstandsverordnungen aus dem Jahre

1945 berufen kann. Nach drei Jahren beruft sich die Militärverwaltung auf ein jordanisches Gesetz, dem zufolge Land, das in drei aufeinanderfolgenden Jahren nicht bearbeitet wurde, als Staatsland registriert werden muß. So kann die israelische Regierung offiziell immer wieder angeben, daß sie lediglich Staatsland für den Bau von Siedlungen in Anspruch nimmt. Eine andere Form ist, Land für militärische Zwecke zu beschlagnahmen. Die Armee errichtet Häuser oder Baracken auf diesem Land und zieht nach ein paar Jahren wieder ab; das Land wird nun von Siedlern übernommen.
Am **14. Juni** demonstrieren 8.000 Israelis und Palästinenser in Tel Aviv gegen 20 Jahre Okkupation.
Am **9. Dezember:** Beginn der Intifada mit spontanen Demonstrationen in den Flüchtlingslagern im Gaza-Streifen. Sie breitet sich in wenigen Wochen über den ganzen Gaza-Streifen und die West Bank aus. Getragen wird sie vor allem von Jugendlichen, die ihr dynamische Kraft verleihen.

**Januar 1988:** Der israelische Verteidigungsminister Yitzhak Rabin kündigt eine neue Politik gegenüber der Intifada an, nämlich „Strenge, Gewalt und Schläge".
**Februar:** 51 Palästinenser sind seit Beginn der Intifada gestorben, 800 wurden verletzt.
Die Außenminister von 12 Ländern der Europäischen Gemeinschaft verurteilen Israel wegen Verletzung der internationalen Gesetze und der Menschenrechte in der West Bank und im Gaza-Streifen.
Die israelische Armee verhaftet zwei israelische Soldaten. Sie werden beschuldigt, 4 Palästinenser lebendig begraben zu haben.
**April:** In einer Rede vor jüdischen Siedlern bezeichnet Ministerpräsident Shamir die Palästinenser als „Heuschrecken", die man vernichten sollte.
**Mai:** Im sechsten Monat der Intifada werden 231 Palästinenser als Opfer registriert.
**Juli:** Die Arbeiterpartei unter Shimon Peres erklärt, sie wäre im Fall eines Wahlsieges bereit, den Gaza-Streifen einer arabischen Verwaltung zu unterstellen.
**September:** Die islamische Bewegung „Hamas" verweigert in einer in der West Bank verbreiteten Schrift jegliche Konzession an beziehungsweise Gesprächsbereitschaft mit Israel.
Der französische Außenminister Roland Dumas enthüllt, der Vorsitzende der PLO, Yassir Arafat, habe halb im Scherz gefragt, ob Dumas Shimon Peres fragen könnte, ob er bereit wäre, einen palästinensischen Staat anzuerkennen, wenn er, Arafat, Israel offiziell anerkennen würde?

Der israelische Außenminister Shimon Peres kündigt vor der UNO-Generalversammlung an, daß Israel bereit wäre, entweder mit einer palästinensisch-jordanischen Delegation oder mit zwei getrennten Delegationen zu verhandeln.
Am **15. November** wird der palästinensische Unabhängigkeitstag ausgerufen und von 20 Staaten anerkannt.
**Dezember:** US-Präsident Ronald Reagan kündigt die Bereitschaft der USA an, direkte Gespräche mit der PLO-Führung aufzunehmen.

**Mai 1989:** Das israelische Kabinett bewilligt den Likud-Plan für „regionale Wahlen" in der West Bank und im Gaza-Streifen zur Aufstellung einer selbstbestimmten Verwaltung, die auch als Gesprächspartner herangezogen werden kann.
Arafat erklärt in einem Interview der Washington Post, daß er bereit wäre, Palästinenser, die in der West Bank und im Gaza-Streifen leben, für eine provisorische Regierung zu nominieren, sollte dies dazu beitragen, die Gesprächsbereitschaft Israels zu erreichen.
**Mai:** Etwa 2.500 Israelis und 1.000 Palästinenser halten an sechs Orten in der West Bank Friedensgespräche ab, die von der Bewegung „Friede jetzt" organisiert werden.
**Juni:** Seit Beginn der Intifada wurden 90 Kinder getötet und 20.000 verletzt.
In diesem Schuljahr waren die Schulen in der West Bank und im Gaza-Streifen nur 40 Tage lang geöffnet.
**Juli:** Die UNRWA verteilt 6.700 Tonnen Mehl an ungefähr 134.000 palästinensische Familien im Gaza-Streifen.
**September:** In einer Stadt in der West Bank konfisziert, ohne vorherige Benachrichtigung oder Mahnung, die Steuerbehörde mit Hilfe einer Armeepatrouille Privateigentum. Lastwagen rücken an, Geschäfte werden aufgebrochen, die Ware wird verladen.
Der Chef des israelischen Generalstabs, Dan Shamron, vergleicht den Aufstand der Intifada mit dem algerischen Aufstand gegen die Franzosen.
Die fundamentalistische Bewegung „Hamas" führt im Gaza-Streifen eine Kampagne durch, die das Tragen eines Kopfschleiers für die Frauen zum Ziel hat. Die Kampagne wird mit dem Kopfschleier als Symbol des Widerstandes und der Besinnung auf traditionelle Werte erfolgreich beendet.

Am **2. August 1990** besetzt der Irak Kuwait.
Am **8. August** landen US-Truppen in Saudi-Arabien. Die irakische Regierung erklärt Kuwait als einen Teil des Iraks.

Am **10. August** veröffentlicht die PLO einen Plan für eine arabische Lösung des Konfliktes am Golf. Dieser basiert auf dem Rückzug des Iraks aus Kuwait, dem Recht auf Selbstbestimmung des kuwaitischen Volkes, irakisch-kuwaitischen Gesprächen über ungeklärte Streitfragen, dem Ersetzen der fremden Truppen durch arabische oder UN-Truppen und einer neuen arabischen Ölpolitik.
Am **8. Oktober** werden im Gebiet des Felsendoms von den israelischen Sicherheitstruppen 21 Palästinenser ermordet und 150 verletzt, als sie gegen die Aufstellung eines Grundsteins für den Bau des 3. jüdischen Tempels an Stelle der Moschee (durch eine extremistische jüdische Gruppe) protestieren.
**Dezember:** In diesem Jahr wird die höchste Einwanderungsziffer seit 1949 registriert. Sie beträgt 187.000 Menschen, meist Juden aus der ehemaligen Sowjetunion.

Am **17. Januar 1991** beginnt mit der Operation „Desert Storm" gegen den Irak der Golfkrieg.
Am selben Tag werden die West Bank, Ost-Jerusalem und der Gaza-Streifen unter Ausgangssperre gestellt.
Am **19. Januar** wird Israel mit vier irakischen SCUD-Raketen beschossen.
Der deutsche Kanzler Helmut Kohl erklärt, daß Deutschland als sofortige humanitäre Hilfe 165 Millionen Dollar an Israel sendet und weitere 5,5 Milliarden Dollar als Militärhilfe für den Golfkrieg zur Verfügung stellt.
**März:** US-Außenminister James Baker hält zwei separate Treffen mit Premierminister Shamir und einer Gruppe von 10 Palästinensern, geleitet von Faisal al-Hussaini, ab.
Das US-Außenministerium berichtet, daß eine viel höhere Anzahl von Sowjet-Juden in den besetzten Gebieten angesiedelt wird, als Israel offiziell angibt. Weiters wird angemerkt, daß die jüdische Bevölkerung in den besetzten Gebieten jährlich um 10% wächst.
Präsident Yassir Arafat bietet einen Friedensplan an, wonach die PLO auf palästinensischer Seite der Grenze zwischen Israel und dem zukünftigen palästinensischen Staat eine UNO-Pufferzone akzeptiert.
**Juli:** US-Außenminister James Baker trifft die palästinensische Delegation unter der Leitung von Faisal al-Hussaini wegen der Zusammenstellung einer gemeinsamen palästinensisch-jordanischen Delegation für die Friedenskonferenz. Baker sagt, daß die PLO keine direkte Beziehung zur Delegation haben und kein Mitglied der Friedensdelegation aus Ost-Jerusalem stammen darf, weil Israel dies strikt ablehnt.

Am **30. Oktober** wird in Madrid die Nahost-Friedenskonferenz mit Delegierten aus Israel, Ägypten, Syrien, dem Libanon und der gemeinsamen palästinensisch-jordanischen Delegation eröffnet.

**1992:** Die Friedenskonferenz wird in Washington fortgesetzt.
Am **13. Januar** stimmen die israelische, jordanische und palästinensische Delegation überein, separate jordanisch-israelische und israelisch-palästinensische Gespräche zu führen, unter der Bedingung, daß je zwei Repräsentanten der einen Gruppe den Gesprächen der anderen beiwohnen.
Am **15. Januar** präsentiert in Washington die palästinensische Delegation dem israelischen Team einen Selbstbestimmungsplan, der von der PLO akzeptiert wird.
**Februar:** Yitzhak Rabin wird zum Vorsitzenden der Arbeiterpartei ernannt.
Die israelische Delegation präsentiert der palästinensischen einen Vorschlag für einen palästinensischen Selbstbestimmungsplan, nach dem die Einwohner der besetzten Gebiete in 12 Punkten (etwa Steuerwesen, Erziehungs- und Schulwesen und Landwirtschaft) sich selbst verwalten sollen.
**Juni:** Yitzhak Rabin wird Premierminister.

**Januar 1993:** Ingesamt finden in Oslo 14 inoffizielle und geheime Vorbereitungstreffen zwischen dem israelischen Professor für Nahost-Geschichte, Yair Hirschfeld, dem Historiker Ron Pundak und Ahmad Kriah, dem Vorsitzenden der PLO-Abteilung für wirtschaftliche Angelegenheiten, statt. Sie stehen unter dem Schutz des norwegischen Außenministers Johan Jorgen Holst und laufen unter dem Namen „Oslo-Kanal".
Bis Mai erarbeiten die beiden Parteien ein Grundkonzept für eventuelle Friedensverhandlungen. Zwei Berater des israelischen Außenministers reisen nach Oslo, um das Konzept zu studieren und den Verhandlungen beizutreten. Sowohl Rabin wie auch Arafat verfolgen die Entwicklungen. Um jede Nuance des Konzepts wird gerungen. Nach zahllosen Überarbeitungen ist das Dokument endlich fertig.
Am **20. August** wird die Grundsatzerklärung im Beisein von Shimon Peres von beiden Seiten in Oslo unterzeichnet.
Am **27. August** fliegen Shimon Peres und Johan Jorgen Holst nach Kalifornien, um US-Außenminister Warren Christopher über die neuesten Entwicklungen zu informieren. Alle weiteren Schritte werden in Washington vorbereitet.
**13. September:** Unterzeichnung des Autonomievertrages für den Gaza-Streifen und für Jericho durch Yassir Arafat und Yitzhak Rabin.

**Phase I:** Israel und PLO erkennen einander gegenseitig an. Das Friedensabkommen gibt den Palästinensern die Kontrolle über den Gaza-Streifen und Jericho. Vier Monate nach der Unterzeichnung des Friedensvertrages zieht Israel seine Truppen aus diesen Gebieten ab.
**Phase II:** Der Palästinensische Rat wird innerhalb von neun Monaten gewählt und wird die West Bank und den Gaza-Streifen für eine Periode von fünf Jahren verwalten. Der Rat kontrolliert die lokale Polizeitruppe, öffentliche Verkehrs- und Versorgungsbetriebe sowie das Gesundheitswesen.
**Phase III:** Innerhalb von zwei Jahren sollen Israel und die PLO über den Status von Jerusalem, die israelischen Siedler in der West Bank und über palästinensische Flüchtlinge, die zurückkehren möchten, diskutieren.
Für den **13. Dezember** ist der voraussichtliche Abzug der israelischen Armee aus dem Gaza-Streifen und Jericho geplant. Erste Differenzen: Die PLO versteht unter Jericho die Region beziehungsweise die Oase Jericho, während Israel dies nur auf die Stadt Jericho bezieht.
Am **13. Dezember** findet der israelische Abzug nicht statt. Es kommt zu einem Treffen in Kairo, wo weitere Verhandlungen zwischen Rabin und Arafat durchgeführt werden.

**1994**: Am **13. Jänner** stirbt der norwegische Außenminister Johan Jorgen Holst an einem Schlaganfall. Er spielte eine maßgebliche Rolle beim Zustandebringen des Dialoges der beiden Parteien.

Am **9. Februar** treffen einander der israelische Außenminister Peres und der Vorsitzende der PLO Yassir Arafat in Kairo und unterzeichnen ein Abkommen betreffend die Sicherheitsvorkehrungen in den zukünftig autonomen Gebieten.

Am **25. Februar** eröffnet Baruch Goldstein - ein in Hebron lebender israelischer Siedler - das Feuer auf in der Moschee von Hebron betende Palästinenser. Er tötet 39 Palästinenser und verwundet weitere 300. Weltweit wird mit Empörung und Bestürzung über diese Tat reagiert. Die Friedensverhandlungen werden von der PLO sofort abgebrochen. Ebenso stellen nach scharfen Protesten die Regierungen Syriens, Jordaniens und des Libanon die bilateralen Verhandlungen mit Israel in Washington ein.

Die israelische Regierung verhängt eine Ausgangssperre über Hebron. Als Versöhnungsgeste werden 570 Palästinenser frühzeitig aus den Gefängnissen entlassen. Es wird eine offizielle Untersuchungskommission, die vom Präsidenten des Obersten Gerichtshofes geleitet wird, eingesetzt. Die beiden rechtsgerichteten Parteien Kach und Kahane-Chai, deren Mitglied Goldstein war, werden zu terroristischen Organisationen erklärt und verboten.

Am **3. April** findet nach langem Zögern und zähen Verhandlungen ein Treffen zwischen der palästinensischen und der israelischen Friedensdelegation in Kairo statt. Der Abzug der israelischen Armee und die Übergabe des Gaza-Streifens und Jerichos wird für Ende April festgesetzt.

# Literaturverzeichnis


Aswad, B. C.: The Involvement of Peasants in Social Movements and Its Relation to the Palestine Revolution, Naseer Aruri (ed.), Illinois 1970.

Bisan Center: The Intifada and some Women's Social Issues (arabisch), Jerusalem, 1990.

Bisan Center: Women's Organisations and the Question of Democracy (Bericht), Ramallah, 1992.

Bornemann, E.: Das Patriarchat, Frankfurt am Main, 1979.

Corm, G.: Thoughts on the Roots of the Arab-Israeli Conflict, Journal of Palestine Studies 83, Vol. XXI, Number 3, 1992.

Ehrenfels, U. R. B.: Ambivalent Attitude to Womanhood in Islamic Society, New York, 1952.

El Baradie, A.: Gottes-Recht und Menschen-Recht, Grundlagenprobleme der islamischen Strafrechtslehre, Baden-Baden, (o.J.).

Finkelstein, N.: Palestinian Attitudes during the Gulf War, Journal of Palestine Studies 83, Vol. XXI, Number 3, 1992.

Heiberg, M. und Ovensen, G.: Palestinian Society in Gaza, West Bank and Arab Jerusalem, A Survey of Living Conditions, FAFO-Report, 1993.

Holt, M.: Half The People, Women, History and The Palestinian Intifada, East Jerusalem 1992.

Kamal, Z.: The Development of the Palestinian Women's Movement in the Lands Occupied in 1967 Twenty Years after the Israeli Occupation, Darb al-Mar'a, June 1987.

Kamal, Z.: Women are in the first rank of the Intifada, Al-Fajr, June 26, 1990.

Khoury, L. J.: The Mobilization of Palestinian Women in the Intifada, Jerusalem (o.J.).

Maulana Muhammad Ali, M. A.: The Religion of Islam (o.J.).

Nakhleh, E. A.: Palestinians and Israelis: Options for Coexistence, Journal of Palestine Studies 86, Vol. XXII, Number 2, 1993.

Nashef, Y.: The Psychological Impact of the Intifada on Palestinian Children Living in Refugee Camps in the West Bank, as Reflected in their Dreams, Drawings and Behavior, Frankfurt am Main, 1992.

Passia (Palästinensische Akademiegesellschaft): The Occupied Palestinian Territory, East Jerusalem, 1993.

Patai, R.: The Arab Mind, New York, 1973.

PR Center: Facts and Figures on Palestinian Health Services, Ramallah, 1993.

Qlebu, A. H.: Before the Mountains Disappear, An Ethnographic Chronicle of the Modern Palestinians, Cairo, 1992.

Said, E. W.: Reflection on Twenty Years of Palestinian History, Journal of Palestine Studies 80, Vol. XX, Number 4, 1991.

Sayigh, R.: Encounters with Palestinian Women under Occupation, Journal of Palestine Studies 40, Vol. X, Number 4, 1981.

Sayigh, R.: Palestinian Women: Triple Burden, Single Struggle, Les femmes et la modernité des peuples méditerranéens 44-45, 1988.

Talhami, G.: Women, Camels and American Feminists, The Washington Report On Middle East Affairs, March 1991.

Taraki, L.: Mass Organisations in The West Bank, Naseer Aruri (ed.), Massachusetts, 1989.

Wing, A. K.: Custom, Religion and Rights: The Future Legal Status of Palestinian Women, (unveröffentlicht).

Abdul-Hadi, I.: The Intifada and Popular Development (arabisch), Ramallah, 1992.

## UNO-Teilungsplan Palästina - Israel 29. 11. 1947

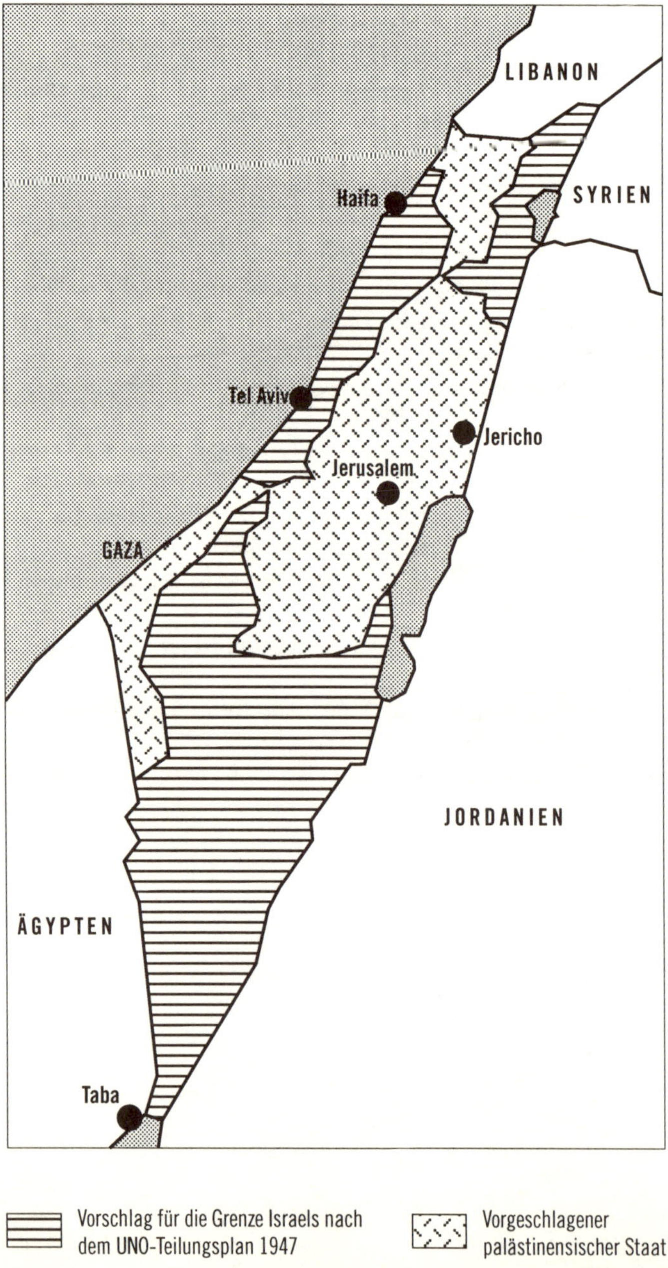


Vorschlag für die Grenze Israels nach dem UNO-Teilungsplan 1947

Vorgeschlagener palästinensischer Staat

## Israelische Annektionen (Stand 1949)

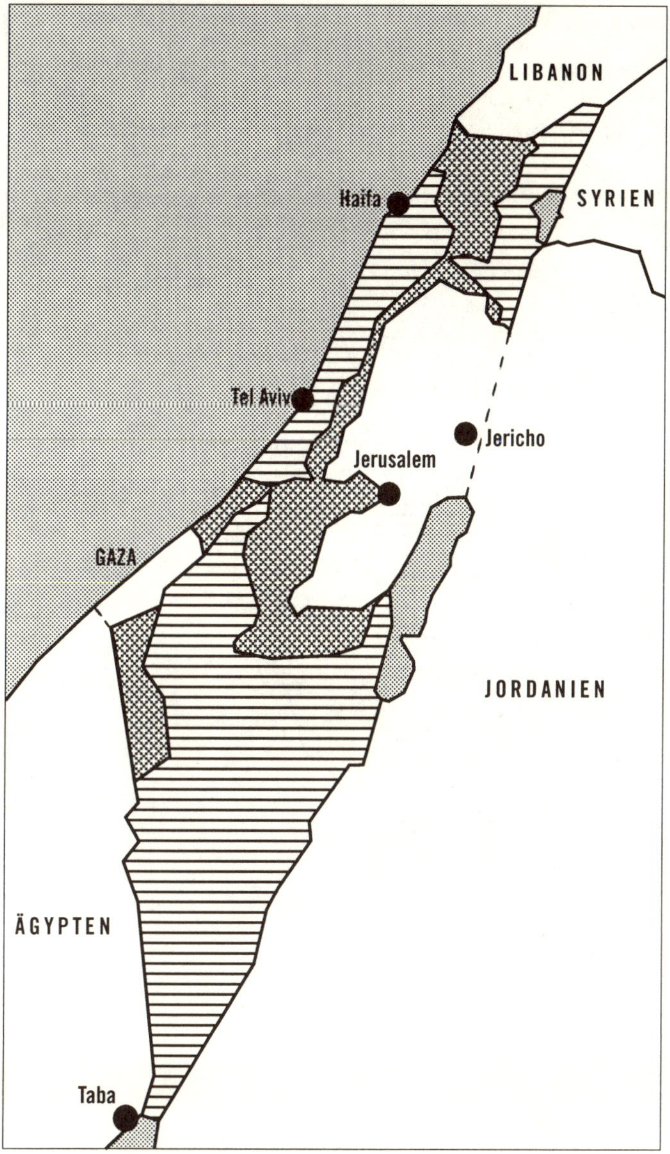

## Israelische Annektionen 1967

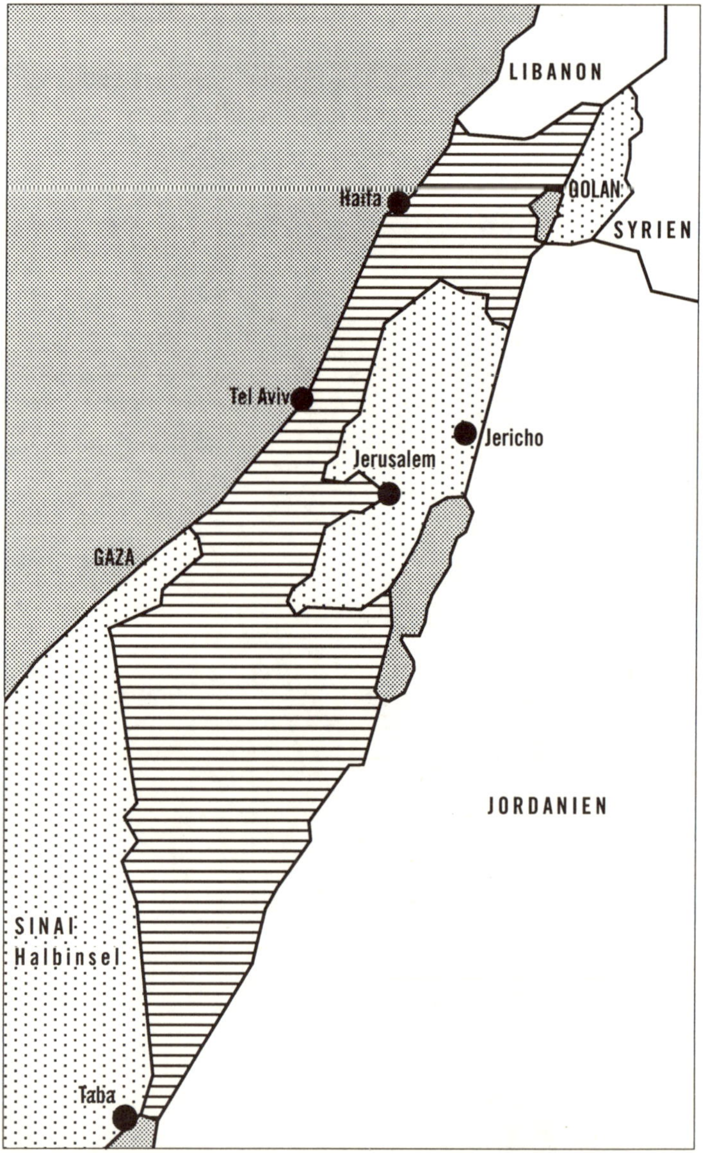


Israel Stand 1949

1967 werden die Sinai-Halbinsel, der Gaza-Streifen, die Westbank und die Golan-Höhen von Israel annektiert

## Friedensplan 1993

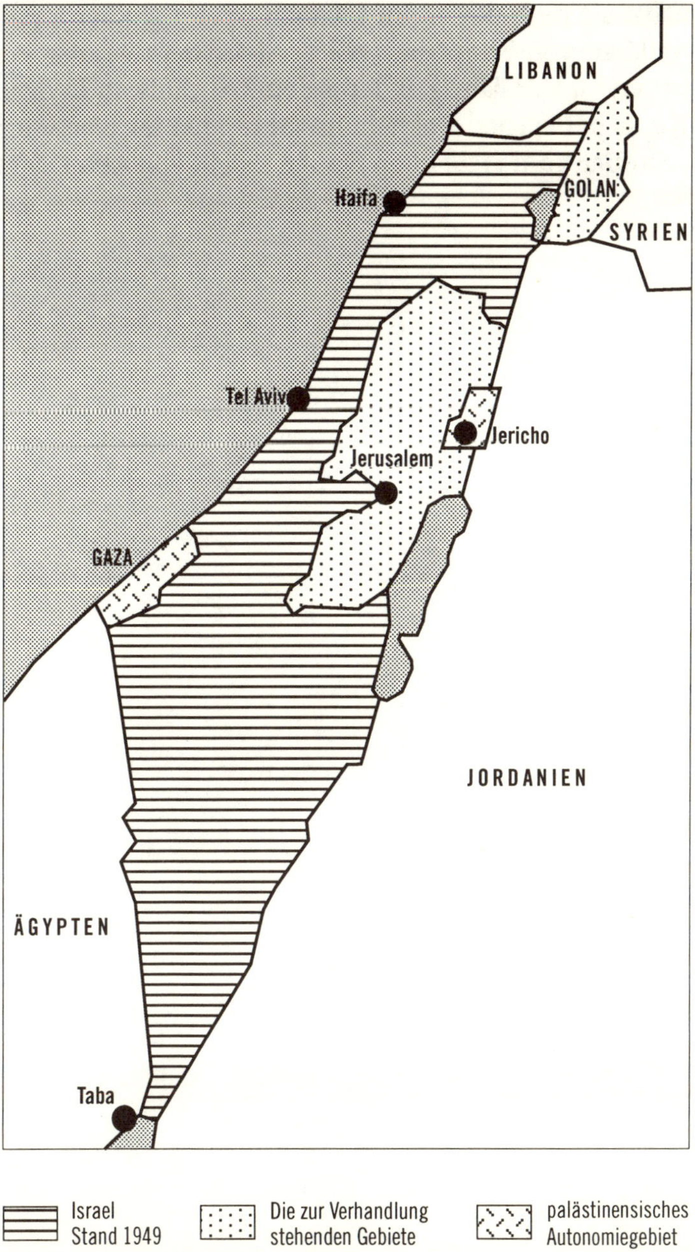

## Die Autorin

Rosina-Fawzia al-Rawi ist Arabistin und Ethnologin. Ihre Kindheit verbrachte sie im Irak und im Libanon, später studierte sie an den Universitäten von Kairo und Wien. Al-Rawi ist Mutter von zwei Kindern und lebt, 32jährig, in Jerusalem/Al Quds und Wien, wo sie auch Kurse in Bauchtanz abhält. Im Jahre 1990 erschien von ihr das Buch „Studien zum arabischen Frauendialekt von Abu Dhabi".